Opinion Americana:

TRUMP 2017-2020

CAMILO RIANO, editor

EPub Edition © 2020 ISBN: 978-1-7357467-0-8
Paperback Edition © 2020 ISBN: 978-1-7357467-1-5

Contenido

Prefacio

Autores

Traductor

Contents

Foreword

Authors

Translator

Prefacio

CAMILO RIANO
Director Ejecutivo
The Riano Foundation

Después del triunfo del presidente Trump en las elecciones de noviembre de 2016, ha habido mucha discusión en el espacio político acerca de la objetividad de la información que recibe el público americano.

Las principales fuentes periodísticas del país han tomado partido y la mayor parte del cubrimiento diario refleja un sesgo que no permite distinguir fácilmente los verdaderos hechos detrás de la noticia.

En el caso de los medios hispanos, este fenómeno es aún más notorio, especialmente si se considera que los lectores no tienen acceso a las fuentes originales en su idioma nativo para confrontar la veracidad de lo que se les está presentando. Además, los artículos de opinión, que en el caso de los medios en inglés proporcionan interpretaciones alternativas, raramente se encuentran traducidos al español.

En un país como los Estados Unidos en donde el 16.3% (2010) de sus habitantes es de origen hispano y el 13.4% (est. 2017) habla español en sus hogares, esta falta de información tiene una repercusión seria en el proceso democrático.

Por un lado, limita las opciones de participación presentándole al público hispano una única versión de lo que está sucediendo en el país; por otro, nos niega a los hispanos el derecho que tenemos de intervenir activamente en las decisiones que nos impactan como americanos.

Una parte de las misión de La Fundación Riano es precisamente promover la participación hispana en el proceso democrático. Con este fin, hemos traducido los tres discursos más importantes del presidente Trump: su discurso de posesión, su reporte al congreso sobre el estado de la Unión luego de tres años en el poder y su último discurso con motivo del Día de la Independencia.

Adicionalmente, hemos recopilado y traducido treinta artículos de opinión que en orden cronológico nos dan una idea de cuáles han sido los temas de mayor impacto durante su primer cuatrienio.

Como entidad privada sin ánimo de lucro, creemos que no es la obligación del Estado traducir al español sus documentos gubernamentales. La responsabilidad debe recaer en las comunidades que usan idiomas diferentes al inglés con el propósito de mantenerse informadas mientras se integran plenamente a la nación americana.

Nuestro objetivo con esta publicación es precisamente abrir canales de información para hacer más fácil dicha integración a los millones de americanos hispano-hablantes. En la Fundación Riano, creemos que el idioma debe usarse para unir a los americanos y no para promover diferencias que naturalmente se dan en un país de inmigrantes.

Con ese espíritu, esperamos que estas traducciones ayuden a nuestras comunidades de habla hispana a comprender mejor las diferentes opiniones que existen en los Estados Unidos, y a entender la importancia del inglés en nuestro proceso democrático como idioma unificador en el que se comparten ideas y se llevan a cabo discusiones para determinar la dirección de nuestra nación en asuntos económicos, políticos e internacionales.

Foreword

CAMILO RIANO
Executive Director
The Riano Foundation

After the triumph of President Trump in the November 2016 elections, there has been a lot of discussion in the political space about the objectivity of the information that the American public receives.

The main journalistic sources in the country have taken sides, and most of the daily coverage reflects a bias that does not allow to easily distinguish the true facts behind the news.

In the case of Hispanic media, this phenomenon is even more noticeable, especially if it is considered that the readers do not have access to the original sources in their native language to confront the veracity of that which is being presented to them. Furthermore, opinion articles, that in the case of English-based media provide alternative interpretations, are rarely translated into Spanish.

In a country like the United States where 16.3% (2010) of its inhabitants is of Hispanic origin and 13.4% (2017 est.) speaks Spanish at home, this lack of information has a serious impact on the democratic process.

On the one hand, it limits participation options by presenting the Hispanic public with a single version of what is happening in the country; on the other, it denies us Hispanics the right we have to actively intervene in decisions that impact us as Americans.

Part of the mission of The Riano Foundation is precisely to promote Hispanic participation in the democratic process. To this end, we have translated President Trump's three most important speeches: his inauguration speech, his report to Congress on the

State of the Union after three years in power, and his last speech on the occasion of Independence Day.

Additionally, we have compiled and translated thirty opinion articles that, in chronological order, give us an idea of the issues with the greatest impact during his first four-year term.

As a private non-profit entity, we believe that it is not the obligation of the State to translate its government documents into Spanish. Responsibility must rest with communities that use languages other than English for the purpose of staying informed while fully integrating into the American nation.

Our objective with this publication is precisely to open channels of information to make this integration easier for the millions of Spanish-speaking Americans. At the Riano Foundation, we believe that language should be used to unite Americans and not to promote differences that naturally occur in a country of immigrants.

In that spirit, we hope that these translations will help our Spanish-speaking communities better comprehend the different opinions that exist in the United States, and understand the importance of English in our democratic process as a unifying language in which ideas are shared and discussions are held to determine the direction of our nation in economic, political and international affairs.

01

DONALD J. TRUMP
20 de enero, 2017

El Discurso de Posesión

Presidente de la Corte Roberts, Presidente Carter, Presidente Clinton, Presidente Bush, Presidente Obama, compatriotas americanos, y gentes del mundo: gracias.

Nosotros, los ciudadanos de América, estamos ahora unidos en un gran esfuerzo nacional para reconstruir nuestro país y restaurar su promesa para toda nuestra gente.

Juntos, determinaremos el curso de América y del mundo por muchos años por venir.

Enfrentaremos retos. Confrontaremos dificultades. Pero lograremos cumplir nuestra tarea.

"Ningún reto puede equipararse al corazón y lucha y espíritu de América".

Cada cuatro años, nos reunimos en estas escalinatas para llevar a cabo la transferencia ordenada y pacífica del poder, y estamos agradecidos al presidente Obama y a la primera dama Michelle Obama por su gentil ayuda a lo largo de esta transición. Ellos han sido magníficos.

La ceremonia de hoy, sin embargo, tiene un significado muy especial. Porque hoy no estamos simplemente transfiriendo el poder de una Administración a otra, o de un partido político a otro −sino que estamos transfiriendo el poder de Washington, D.C. y entregándolo de nuevo a vosotros, el Pueblo Americano.

Durante mucho tiempo, un pequeño grupo en la Capital de nuestra nación ha cosechado los frutos del gobierno mientras que el pueblo ha cargado con el costo.

Washington prosperó —pero la gente no fue partícipe de su riqueza.

Los políticos prosperaron —pero los puestos de trabajo se fueron y las fábricas cerraron.

El establecimiento se protegió a sí mismo, pero no a los ciudadanos de nuestro país.

Sus victorias no han sido vuestras victorias; sus triunfos no han sido vuestros triunfos; y mientras que ellos celebraban en la Capital de nuestra nación, había poco que celebrar para las familias en apuros a todo lo largo de nuestra tierra.

Todo esto cambia —comenzando aquí mismo, y ahora, porque este momento es vuestro momento: os pertenece a vosotros.

Pertenece a todos los que están reunidos hoy aquí y a todos los que observan a lo largo de América.

Éste es vuestro día. Ésta es vuestra celebración.

Y éste, los Estados Unidos de América, es vuestro país.

Lo que verdaderamente importa no es cual partido controla nuestro gobierno, sino si nuestro gobierno está controlado por la gente.

El 20 de enero de 2017, será recordado como el día en el que la gente volvió a ser de nuevo regidora de esta nación.

Los olvidados hombres y mujeres de nuestro país dejarán de ser olvidados.

Todo el mundo os está escuchando ahora.

Vosotros vinisteis por decenas de millones para convertiros en parte de un movimiento histórico de aquellos que el mundo nunca ha visto antes.

"Juntos, determinaremos el curso de América y del mundo por muchos años por venir".

En el centro de este movimiento está una convicción crucial: que una nación existe para servir a sus ciudadanos.

Los americanos quieren excelentes escuelas para sus niños, vecindarios seguros para sus familias, y buenos trabajos para sí mismos.

Éstas son las demandas justas y razonables de un público honesto.

"Hemos defendido las fronteras de otras naciones mientras rehusamos defender las propias..."

Pero para demasiados de nuestros ciudadanos, existe una realidad diferente: Madres y niños atrapados en la pobreza en los centros de nuestras ciudades; fábricas desgastadas por el óxido dispersas como lápidas a lo largo del paisaje de nuestra nación; un sistema educativo, inundado de dinero en efectivo, pero que deja a nuestros jóvenes y hermosos estudiantes carentes de conocimiento; y el crimen y pandillas y drogas que han tomado demasiadas vidas y robado a nuestro país de tanto potencial no realizado.

Esta carnicería americana se acaba aquí mismo y se acaba ahora mismo.

Nosotros somos una nación —y vuestro dolor es nuestro dolor. Vuestros sueños son nuestros sueños; y vuestro éxito será nuestro éxito. Compartimos un corazón, un hogar, y un glorioso destino.

El juramento oficial que hago hoy es un juramento de lealtad a todos los americanos.

Por muchas décadas, hemos enriquecido la industria extranjera a costa de la industria americana;

Hemos subsidiado los ejércitos de otros países mientras permitimos la muy triste disminución de nuestras fuerzas militares;

Hemos defendido las fronteras de otras naciones mientras rehusamos defender las propias;

Y hemos gastado billones de dólares en el exterior mientras que la infraestructura de América se ha sumido en abandono y decaimiento.

Hemos hecho ricos a otros países mientras la riqueza, fortaleza, y confianza de nuestro país han desaparecido más allá del horizonte.

Una a una, las fábricas cerraron y dejaron nuestras costas, sin pensar ni una vez en los millones y millones de trabajadores americanos dejados atrás.

La riqueza de nuestra clase media ha sido arrebatada de sus hogares y luego distribuida a lo largo del mundo entero.

Pero ese es el pasado. Y ahora estamos mirando solo hacia el futuro.

Nosotros, reunidos hoy aquí, estamos proclamando un nuevo decreto para ser oído en toda ciudad, en toda capital extranjera, y en todo corredor de poder.

A partir de hoy, una nueva visión gobernará nuestra tierra.

A partir de este momento, va a ser América Primero.

Toda decisión de comercio, de impuestos, de inmigración, de asuntos extranjeros, será tomada para beneficiar a los trabajadores americanos y a las familias americanas.

Debemos proteger nuestras fronteras de la rapiña de otros países que están elaborando nuestros productos, robándose nuestras compañías, y destruyendo nuestros puestos de trabajo. La protección conducirá a gran prosperidad y fortaleza.

Yo lucharé por vosotros con todo el aliento de mi cuerpo —y nunca jamás los defraudaré.

América comenzará a ganar otra vez, ganando como nunca antes.

Traeremos de vuelta nuestros trabajos. Restableceremos nuestras fronteras. Recuperaremos nuestra riqueza. Y recuperaremos nuestros sueños.

Construiremos nuevas carreteras, autopistas, y puentes, y aeropuertos, y túneles, y ferrocarriles a lo largo de nuestra maravillosa nación.

"A partir de este momento, va a ser América Primero".

Sacaremos a nuestra gente del sistema de bienestar social y les daremos trabajo —reconstruyendo nuestro país con mano de obra americana y con trabajo americano.

Seguiremos dos simples reglas: Compre americano y contrate mano de obra americana.

"América comenzará a ganar otra vez, ganando como nunca antes".

Nosotros buscaremos amistad y benevolencia con las naciones del mundo —pero lo hacemos con el entendimiento de que es el derecho de todas las naciones el poner sus propios intereses primero.

No buscamos imponer nuestro estilo de vida a nadie, sino más bien dejar que brille como un ejemplo a seguir para todos.

Reforzaremos viejas alianzas y formaremos otras nuevas —y unificaremos al mundo civilizado contra el Terrorismo Islámico Radical, al que erradicaremos completamente de la faz de la tierra.

El cimiento de nuestras políticas será la lealtad total a los Estados Unidos de América, y a través de nuestra lealtad a nuestro país, descubriremos de nuevo nuestra lealtad entre nosotros mismos.

Cuando vosotros abrís vuestro corazón al patriotismo, no hay espacio para los prejuicios.

La Biblia nos dice: "qué bueno y placentero es cuando el pueblo de Dios vive junto en unidad".

Nosotros debemos decir abiertamente lo que pensamos, debatir honestamente nuestros desacuerdos, pero siempre perseguir la solidaridad.

Cuando América está unida, América es totalmente imparable.

No debe haber ningún miedo —estamos protegidos, y siempre estaremos protegidos.

Estaremos protegidos por los grandes hombres y mujeres de nuestras fuerzas militares y cuerpos policiales y, más importantemente, estamos protegidos por Dios.

Finalmente, debemos pensar en grande y soñar aún más grande.

En América, nosotros entendemos que una nación solamente vive mientras se está esforzando.

No aceptaremos más a los políticos que son solo palabras sin acción —quejándose constantemente sin hacer nunca nada al respecto.

La hora de las palabras vacías se ha acabado.

Ahora llega la hora de la acción.

No dejéis que nadie os diga que no se puede lograr. Ningún reto puede equipararse al corazón y lucha y espíritu de América.

No fallaremos. Nuestro país progresará y prosperará otra vez.

Nosotros estamos situados en el nacimiento de un nuevo milenio, listos para descifrar los misterios del espacio, para liberar la Tierra de las miserias de las enfermedades, y para aprovechar las energías, industrias y tecnologías del mañana.

Un nuevo orgullo nacional estimulará nuestras almas, levantará nuestras miras, y sanará nuestras divisiones.

Es tiempo de recordar esa antigua sabiduría que nuestros soldados nunca olvidarán: que así seamos negros o morenos o blancos, todos derramamos la misma sangre roja de patriotas, todos disfrutamos de las mismas libertades gloriosas, y todos saludamos la misma gran Bandera Americana.

"La hora de las palabras vacías se ha acabado. Ahora llega la hora de la acción".

Y que así haya nacido un niño en la extensión urbana de Detroit o en las planicies barridas por el viento de Nebraska, ambos miran hacia el mismo cielo nocturno, llenan sus corazones con los mismos sueños, y han recibido el soplo de vida del mismo Creador todopoderoso.

Luego a todos los americanos, en toda ciudad cerca y lejos, pequeña y grande, de monte a monte, y de océano a océano, oíd estas palabras:

Vosotros no seréis ignorados otra vez.

Vuestra voz, vuestros anhelos, y vuestros sueños, definirán nuestro destino americano. Y vuestro coraje y bondad y amor nos guiarán para siempre a lo largo del camino.

Juntos, haremos a América fuerte otra vez.

Haremos a América rica otra vez.

Haremos a América orgullosa otra vez.

Haremos a América segura otra vez.

Y, sí, juntos , haremos a América grande otra vez. Gracias, Dios los bendiga, y Dios bendiga a América.

"...sí, juntos , haremos a América grande otra vez".

Fuente: The White House
https://www.whitehouse.gov/briefings-statements/the-inaugural-address/

02

CHICAGO TRIBUNE
20 de enero, 2017

'Este es vuestro País': Trump y la economía de América

La mayoría de aquellos a quienes les gustó el discurso inaugural de Donald Trump del viernes probablemente votaron por él. Y muchos otros, si se molestaron en prestar atención, seguramente terminaron sintiéndose desilusionados. Eso no es el reflejo de un Presidente Trump como figura especialmente divisoria. Es la política en una nación especialmente dividida. Todos recordamos fisuras similares después de las posesiones de los presidentes George W. Bush en 2000 y Barack Obama en 2008.

El discurso de Trump, leído de un 'teleprompter', fue fiel a su candidatura populista y extraña al establecimiento. Repitió su promesa de campaña de "hacer a América grande de nuevo" y dijo, de más de una manera, que la frase a seguir de su presidencia será "América primero".

"Este puede recordarse como el discurso del "hombre olvidado", por la atención que Trump le prestó a los americanos que están sufriendo económicamente".

Este puede recordarse como el discurso del "hombre olvidado", por la atención que Trump le prestó a los americanos que están sufriendo económicamente. Muchos de ellos convirtieron sus propias frustraciones - y su sentido de sentirse olvidados por los políticos de carrera - en apoyo por Trump. Ellos le dieron la presidencia. Su discurso de posesión confirmó que él tiene intención de perseguir con más resolución esta prioridad.

¿Cómo transformará Trump este compromiso en política de gobierno? He aquí su referencia más específica en un discurso que, por supuesto, no pretendía poner sobre la mesa una agenda específica: "Toda decisión en comercio, en impuestos, en inmigración, en relaciones exteriores, se hará para beneficiar a los trabajadores americanos y a las familias americanas", dijo. "Debemos proteger nuestras fronteras de la devastación causada por otros países que fabrican nuestros productos, se roban nuestras compañías y destruyen nuestros trabajos".

"Toda decisión en comercio, en impuestos, en inmigración, en relaciones exteriores, se hará para beneficiar a los trabajadores americanos y a las familias americanas".

Esas son palabras fuertes, exageradas para causar efecto pero también desatinadas al centrarse en las relaciones de América con el resto del mundo como fuente principal de los problemas económicos domésticos. ¿Está América sufriendo devastación a manos de otros países en la economía global? No. La prosperidad y la promesa futura de América están directamente atadas a la habilidad de vender nuestros productos y grano al mundo, y comprar lo mejor que el mundo tiene que ofrecer. El está equivocado en comercio, y nosotros esperamos que recupere la idea de que promover el "justo comercio" es inteligente, mientras que quitarle el impulso es auto destructivo.

Sin embargo, lo mejor de lo que Trump dijo, y lo mejor de lo que tiene que ofrecer al país, estaba contenido en el mismo pasaje: su enfoque energético en la construcción de la economía. El tiene razón en decir que América no está activando suficientes cilindros. Casi ocho años después del fin de la Gran Recesión en junio de 2009, el crecimiento permanece lento. Demasiados americanos que quieren trabajar no encuentran trabajo o han dejado la fuerza laboral. La respuesta a esos retos es buscar maneras de desatar el potencial americano —a través de una reforma de impuestos, reducción de las regulaciones y de otros medios. Animar a la hinchada también tiene su lugar.

"Nosotros haremos el trabajo", ha dicho Trump.

Esperamos que sí lo haga.

Fuente: Chicago Tribune
http://www.chicagotribune.com/news/opinion/editorials/ct-trump-inauguration-speech-economy-jobs-edit-0121-20170120-story.html

03

NEWT GINGRICH
26 de enero, 2017

Margaret Thatcher es el verdadero modelo para la presidencia de Trump

Ahora que la primera ministra británica Theresa May se convierte en la primera líder extranjera en visitar al presidente Trump, es un buen momento para considerar que Margaret Thatcher, mucho más que Ronald Reagan, es el verdadero modelo para la presidencia de Trump.

El discurso inaugural de Trump del viernes pasado tuvo la franqueza y el tono de confrontación de un discurso de Thatcher. El presidente dejó en claro que representa un cambio dramático y audaz, y que considera su elección como una victoria del pueblo americano.

El discurso de Trump no fue diseñado para reconciliarse con la estructura de poder de Washington. De hecho, fue una declaración de lealtad al pueblo americano en contra de esa misma estructura de poder.

"En este desafío directo al poder y a la ideología, Trump se parece mucho más a Thatcher que a Reagan".

Más aún, el discurso representó una amenaza directa para el sistema de valores de la izquierda. En este desafío directo al poder y a la ideología, Trump se parece mucho más a Thatcher que a Reagan.

Reagan se concentró en romper el poder de la Unión Soviética, no en romper el poder de la corrección política y de los medios elitistas que cada vez dominan más a los Estados Unidos. Estaban atemorizados de Reagan, pero no estaban enfurecidos por él.

Trump es una amenaza directa y mortal tanto para la estructura de poder como para la ideología de la izquierda. La izquierda lo sabe y está respondiendo de la misma manera como la izquierda británica respondió a Thatcher.

"Trump es una amenaza directa y mortal tanto para la estructura de poder como para la ideología de la izquierda".

Los fascistas liberales jóvenes que estaban rompiendo ventanas e intimidando a los partidarios de Trump en el día de la Inauguración, mostraron el tipo de hostilidad que Thatcher evocaba de la izquierda.

La decisión de los demócratas del Congreso de adoptar negatividad y tácticas de oposición puras es mucho más parecida a la reacción del Partido Laborista frente a Thatcher que al enfoque mucho más matizado del entonces presidente de la Cámara de Representantes, O'Neill, con respecto a Reagan. Un tercio de los demócratas de la Cámara votó por el programa económico de Reagan en el verano de 1981. Es difícil imaginar que eso suceda hoy en la Cámara.

La izquierda en Gran Bretaña se desquició tanto con su agria hostilidad que continuó alejándose más y más de la corriente principal. El término "izquierda desquiciada" se convirtió en una descripción común del Partido Laborista en las elecciones de 1987.

Hoy, la histeria de la izquierda americana a medida que el ala Elizabeth Warren-George Soros habla sólo con sus propios partidarios, se está volviendo cada vez más extraña. Piense en la óptica de los manifestantes anti Trump del fin de semana pasado, con su vulgaridad y sus sueños de volar la Casa Blanca. Este tipo de retórica repele a la mayoría de los americanos.

Claire Berlinski, en su brillante libro "No hay Alternativa: Por qué importa Margaret Thatcher", sostiene que Thatcher tenía dos grandes metas históricas. Primero, Thatcher se dedicó a destruir la legitimidad moral del socialismo. En segundo lugar, estaba decidida a despedazar a Arthur Scargill y al sindicato de mineros del carbón, la estructura más poderosa que amenazaba el derecho del Parlamento a gobernar.

Thatcher creía que el socialismo estaba destruyendo el espíritu de responsabilidad individual, del trabajo arduo y de la iniciativa empresarial, que ella sentía formaban el corazón del éxito de Gran Bretaña. Su campaña contra los valores y principios del socialismo era una campaña moral.

Aún más, creía que Scargill estaba desafiando la legitimidad de un gobierno elegido popularmente para establecer las reglas.

En el análisis de Thatcher, si el socialismo prevalecía y el sindicato de mineros del carbón podía dictar sus propios términos, Gran Bretaña como país se transformaría en un lugar muy diferente. Así, ella veía su lucha como Churchiliana, en la profundidad e intensidad de la lucha y en el tamaño de las apuestas.

La decisión de Trump de volver a poner un busto de Winston Churchill en la Oficina Oval es una clara señal de esa misma determinación.

Al igual que Thatcher, Trump está concentrado de manera similar en destruir la legitimidad moral de la izquierda y en romper el poder del establecimiento de grupos de presión y burocrático en Washington. Sus acciones hasta ahora en el cargo, incluidos los pasos para restaurar el estado de derecho en inmigración y para avanzar con proyectos vitales de infraestructura energética, han sido consistentes con estos objetivos.

"Gran Bretaña tal vez haya tenido más en juego en el resultado de la elección de los Estados Unidos que cualquier otro país extranjero".

No es casualidad que May sea la primera líder extranjera en reunirse con Trump. El presidente instintivamente quiere una alianza mucho más estrecha con Gran Bretaña. Mientras que el presidente Barack Obama advirtió que votar por el Brexit pondría a Gran Bretaña al final de la cola, Trump cree que el voto por el Brexit coloca a Gran Bretaña al frente de la fila. Gran Bretaña tal vez haya tenido más en juego en el resultado de la elección de los Estados Unidos que cualquier otro país extranjero.

Aquellos que temen el proteccionismo de Trump pueden darse cuenta de que una de sus primeras metas es comenzar a trabajar en un acuerdo bilateral con Gran Bretaña (que puede convertirse en un acuerdo trilateral si los canadienses son invitados a participar).

Este es un presidente mucho más sofisticado de lo que creen sus críticos.

La visita de esta semana podría revitalizar la relación especial que Estados Unidos y Gran Bretaña han tenido desde 1941. La Primera Ministra Thatcher lo habría aprobado.

"Este es un presidente mucho más sofisticado de lo que creen sus críticos."

Fuente: The Washington Post
https://www.washingtonpost.com/opinions/newt-gingrich-margaret-thatcher-is-the-real-model-for-the-trump-presidency/2017/01/26/b8930e72-e407-11e6-a453-19ec4b3d09ba_story.html

04

MICHAEL ANTON
18 de julio, 2018

La ciudadanía no debe ser un derecho de nacimiento

Una pelea de confirmación a la Suprema Corte siempre crea esperanzas constitucionales y aviva temores constitucionales. ¡Con un magistrado más, revocarán Obamacare! ¡Si consiguen un magistrado más, anularán Roe vs. Wade! ¡A las armas!

Estos sustos periódicos y ahora inevitables, son un triste subproducto del alejamiento de nuestro país del gobierno político y la sobre-investidura de poder en la judicatura. Pero afortunadamente, el desafío constitucional más urgente de nuestro tiempo no tiene por qué esperar una decisión judicial. Cada rama política del gobierno tiene la autoridad constitucional necesaria para enfrentarlo.

Me refiero, aquí, a acabar con la ciudadanía de nacimiento.

"La noción de que el simple hecho de nacer dentro de los límites geográficos de los Estados Unidos confiere la ciudadanía de los Estados Unidos es un absurdo..."

La noción de que el simple hecho de nacer dentro de los límites geográficos de los Estados Unidos confiere la ciudadanía de los Estados Unidos es un absurdo: — histórica, constitucional, filosófica y prácticamente.

El constitucionalista Edward Erler ha demostrado que todo el caso de la ciudadanía por derecho de nacimiento se basa en una deliberada y equivocada lectura de la Decimocuarta Enmienda. El propósito de esa enmienda era resolver la cuestión de la ciudadanía para los esclavos recién liberados. Después de la Guerra Civil, algunos en el Sur insistieron en que los estados tenían el derecho de negar la ciudadanía a los libertos. En su apoyo, citaron la vergonzosa decisión de 1857 de Dred Scott vs. Sandford que sostenía que ningún estadounidense negro podría ser ciudadano de los Estados Unidos.

Por lo tanto, fue necesaria una enmienda constitucional para revocar a Dred Scott y definir el significado preciso de la ciudadanía americana.

Esa definición es precisamente la primera frase de la enmienda: "Todas las personas nacidas o naturalizadas en los Estados Unidos, y sujetas a su jurisdicción, son ciudadanos de los Estados Unidos y del estado en donde residen".

La enmienda aclaró por primera vez que la ciudadanía federal precede y sustituye a su contraparte a nivel estatal. Ningún estado tiene el poder de negar la ciudadanía, por lo tanto, ninguno puede despojar a los esclavos liberados de ella.

"Los redactores de la Decimocuarta Enmienda agregaron la cláusula de jurisdicción precisamente para distinguir entre las personas a quienes los Estados Unidos le deben la ciudadanía y las personas a quienes no les corresponde".

En segundo lugar, la enmienda especifica dos criterios para la ciudadanía americana: nacimiento o naturalización (es decir, inmigración legal), y el estar sujeto a la jurisdicción de los Estados Unidos. Sabemos lo que significaba para los redactores de la enmienda esta última porque nos lo dijeron. El senador Lyman Trumbull, de Illinois, una figura importante en la redacción de la enmienda, definió "sujeto a la jurisdicción" como "no deberle lealtad a nadie" —esto es, a ningún otro país o tribu. El senador Jacob Howard, de Michigan, patrocinador de la cláusula, aclaró aún más que la enmienda excluye explícitamente de la ciudadanía "a personas nacidas en los Estados Unidos quienes son extranjeros, extraños, [o] que pertenecen a las familias de embajadores o ministros extranjeros".

Sin embargo, durante décadas, los funcionarios de los Estados Unidos —liderados por entusiastas de la inmigración dentro y fuera del gobierno— han actuado como si "sujeto a la jurisdicción" simplemente significara "sujeto a la ley americana". Eso es cierto para cualquier turista que venga aquí. Los redactores de la Decimocuarta Enmienda agregaron la cláusula de jurisdicción precisamente para distinguir entre las personas a quienes los Estados Unidos le deben la ciudadanía y las personas a quienes no les corresponde. Los esclavos liberados definitivamente cumplían los requisitos. Los hijos de inmigrantes que llegaron aquí ilegalmente claramente no.

Esos redactores entendieron, al igual que los fundadores de América, que la ciudadanía de nacimiento es inherentemente auto-contradictoria. Un gobierno justo en el mundo moderno se basa en un pacto social, un acuerdo libremente acordado entre ciudadanos libres. El alcance y la autoridad de ese pacto se extienden solo a aquellos que han consentido con sus términos y cuya membresía ha sido aprobada por todos los demás ciudadanos miembros. Un acuerdo al que cualquiera puede unirse sin importar los deseos de sus miembros existentes no es un acuerdo. Como le gusta decir al presidente Trump: "Si no tenemos frontera, no tenemos país".

Algunos argumentarán que la Suprema Corte ya ha resuelto este problema, estableciendo la ciudadanía de nacimiento en Estados Unidos vs. Wong Kim Ark. Pero eso es equivocado. El tribunal sólo ha dictaminado que los hijos de residentes legales son ciudadanos. Eso no cambia el estado de los hijos nacidos de personas que viven aquí ilegalmente.

En la práctica, la ciudadanía por derecho de nacimiento es, como dijo Erler, "un gran imán para la inmigración ilegal". Este imán atrae no sólo a millones de pobres del mundo, sino también inmigrantes cada vez más pudientes. Los "hoteles de maternidad" para turistas chinas embarazadas se anuncian abiertamente en el sur de California y en otros lugares. ¡Vuele a los Estados Unidos para tener a su bebé, y su tonto gobierno le dará a él o a ella la ciudadanía americana!

No es de extrañar que los ciudadanos de otros países se aprovechen de nuestra estupidez. La vida sigue siendo mejor aquí que en cualquier otro lugar, incluida la China en ascenso y un México relativamente próspero. La maravilla es que los americanos continuamos permitiendo que nuestras leyes sean desobedecidas y nuestra ciudadanía degradada.

El problema se puede solucionar fácilmente. El Congreso podría aclarar legislativamente que los hijos de los no ciudadanos no están sujetos a la jurisdicción de los Estados Unidos y, por lo tanto, no son ciudadanos bajo la Decimocuarta Enmienda. Pero dado el

"...los hijos de los no ciudadanos no están sujetos a la jurisdicción de los Estados Unidos y, por lo tanto, no son ciudadanos bajo la Decimocuarta Enmienda."

entusiasmo por las fronteras abiertas de los líderes del Congreso de ambos partidos, eso es poco probable.

Recae, entonces, en Trump. Una orden ejecutiva podría especificar a las agencias federales que los hijos de no ciudadanos no son ciudadanos. Por supuesto, tal orden sería inmediatamente impugnada en los tribunales. Pero los funcionarios en las tres ramas del gobierno —el presidente no menos que los jueces— hacen juramentos similares de defender la Constitución. ¿Por qué el presidente no debería actuar para defender el significado claro de la Decimocuarta Enmienda?

Los jueces fieles a sus juramentos no tendrán más remedio que estar de acuerdo con él. La ciudadanía por nacimiento fue un error cuyo tiempo ha pasado.

"La ciudadanía por nacimiento fue un error cuyo tiempo ha pasado."

Fuente: The Washington Post
https://www.washingtonpost.com/opinions/citizenship-shouldnt-be-a-birthright/2018/07/18/7d0e2998-8912-11e8-85ae-511bc1146b0b_story.html

05

MUSA AL-GHARBI
9 de noviembre, 2018

Si las elecciones de mitad de período fueron un referéndum, Trump ganó

Después de voltear decenas de escaños en las elecciones de mitad de período, los demócratas están listos para tomar el control de la Cámara de Representantes. Muchos expertos y analistas han intentado enmarcar los resultados como un referéndum sobre el presidente Trump. Entre ellos, parece haber un consenso de que el presidente de alguna manera ha sido "repudiado".

No tan rápido.

Para estar seguros, hay razones para que los demócratas celebren: a pesar de desventajas estructurales significativas y un difícil mapa en el Senado, se aprobaron algunas grandes iniciativas electorales fueron aprobadas, las legislaturas estatales en muchos casos se volvieron más azules y los demócratas ganaron gobernaciones en algunos estados claves. Estas son dignas de celebración (en contraste con las afirmaciones de haber "ganado el voto popular", las cuales son falsas). Sin embargo, en el balance, los demócratas deberían sentirse más perturbados que reconfortados por la forma en que se dieron las elecciones.

Por ejemplo, la participación fue mucho mayor que en 2014. Sin embargo, el mayor compromiso resultó ser bipartidista: los partidarios de Trump también aparecieron con fuerza, recortando significativamente la esperada "ola azul".

"...los demócratas deberían sentirse más perturbados que reconfortados por la forma en que se dieron las elecciones".

Sí, los republicanos finalmente perdieron el control de la Cámara —pero incluso aquí, se nota la continua debilidad de los demócratas:

Se esperaba que los republicanos perdieran un número significativo de escaños, independientemente de las opiniones públicas sobre Trump. Los republicanos tenían muchos más escaños difíciles de defender en la Cámara que los demócratas en total. Había dos veces más titulares republicanos defendiendo sus escaños de la Cámara en estados en los que Hillary Clinton ganó en 2016, que demócratas defendiendo escaños en estados en donde ganó Trump.

"...Trump realmente consolidó su control sobre el Partido Republicano..."

Los republicanos también tenían que mantener en la Cámara más del doble de escaños "vacíos" que los de sus rivales demócratas: 36 representantes republicanos optaron por no presentarse a la reelección este año porque se iban a retirar o estaban aspirando a otro cargo. Otros siete renunciaron o de otra manera dejaron el cargo antes de la elección. Como resultado, los republicanos tenían que defender 43 escaños en la Cámara, sin el beneficio de tener un verdadero candidato en ejercicio. Además de esto, los republicanos tenían tres asientos "vacíos" en el Senado, y uno más con una pseudo-titular (la senadora interina de Mississippi Cindy Hyde-Smith asumió el cargo en abril).

Aún así, los demócratas sorprendentemente lograron ganar pocos de estos concursos "abiertos". En la gran mayoría de los casos, un nuevo republicano fue elegido en su lugar, y los elegidos tendieron a estar todavía más cerca de Trump que sus predecesores. Así que Trump realmente consolidó su control sobre el Partido Republicano: la mayoría de sus críticos republicanos más firmes se han retirado, han sido eliminados a través de una contienda en las primarias o no han logrado ganar la reelección. Además de esto, muchos de los demócratas del Senado, de estados que ganó Trump en 2016, que votaron en contra del juez de la Corte Suprema Brett M. Kavanaugh fueron excluidos de su cargo y reemplazados por republicanos.

Históricamente hablando, los demócratas obtuvieron un resultado totalmente promedio en su primera ronda como oposición de

Trump. Remontándonos hasta la Guerra Civil, solo han habido dos casos en que un nuevo partido ha alcanzado la presidencia pero no ha perdido escaños en la Cámara durante sus primeras elecciones de mitad de período: bajo el presidente Franklin D. Roosevelt en 1934 (durante la Gran Depresión), y bajo el presidente George W. Bush en 2002 (a la sombra de los ataques terroristas del 11 de septiembre). Incluso incluyendo estos valores atípicos, la disminución promedio durante las elecciones inaugurales de mitad de período de un partido es de 35 escaños en la Cámara; excluyendo estas dos excepciones, la pérdida promedio es de 41. Independientemente de qué número utilicemos, Trump podría terminar desempeñándose mejor que el promedio en la preservación de la influencia de su partido en la Cámara. Se ha desempeñado mucho mejor que sus dos últimos predecesores demócratas: Bill Clinton perdió el control de ambas cámaras en las elecciones de mitad de período de 1994. Barack Obama vio pérdidas históricas en la Cámara de Representantes en 2010, y también perdió escaños en el Senado — el revés de más envergadura en el Congreso en 62 años.

Además, Trump no sólo sufrió mucha menos disminución que Obama o Clinton en la Cámara de Representantes, sino que su partido aumentará en el Senado. Esto puede no ser sorprendente dado el mapa sesgado en contra de los demócratas. También es algo típico en general: entre 1862 y 2014, el partido del presidente aumentó el número de escaños en el Senado durante sus primeras elecciones de mitad de período el 56 por ciento de las veces, perdió escaños el 37 por ciento de las veces y empató una vez. En otras palabras, no pareció que hubo una reprimenda de fondo a Trump. De hecho, hubo poco de excepcional en los resultados en general, fuera del hecho de que fueron tan muy normales.

Prácticamente, todo lo que Trump dice o hace parece tan inaceptable que se vuelve difícil para la mayoría imaginar que los patrones históricos pueden ser aplicados. Dado el extraordinario contexto que precedió las elecciones de mitad de período de 2018, puede parecer inconcebible que hayan producido resultados perfectamente ordinarios. Considere la impopularidad histórica de Trump, su apasionada oposición, nuestros niveles sin precedentes de polarización política, la caravana de migrantes que se aproxi-

"...no pareció que hubo una reprimenda de fondo a Trump. De hecho, hubo poco de excepcional en los resultados en general".

maba, los disparos masivos en una sinagoga justo antes de las elecciones de mitad de período, la investigación en curso de Mueller y muchos otros escándalos. Seguramente todo esto debe importar, ¿verdad?

En verdad, las elecciones son eventos sociales complejos, y es difícil determinar (y mucho menos predecir) qué importa, cuánto importa y en qué sentido importa. ¡Todavía estamos discutiendo sobre lo que sucedió en 2016! Sin embargo, una cosa que sí sabemos es que los resultados de las elecciones de 2018 fueron consistentes con la norma para elecciones iniciales de medio período de un partido en el poder. Esta realidad debería hacer que los demócratas se sientan profundamente ansiosos porque, como lo he demostrado en otras partes, si las elecciones presidenciales de 2020 se ajustan de manera similar a las tendencias históricas, las probabilidades son aproximadamente de 8 a 1 de que Trump gane la reelección.

De hecho, los resultados inaugurales de medio período del presidente son inquietantemente similares a los de otra estrella del entretenimiento que se transformó en revolucionario político: Ronald Reagan. En 1982, su partido perdió 26 escaños en la Cámara, pero consiguió un escaño en el Senado. Él, también, enfrentó un Congreso dividido. Su índice de aprobación antes de esas elecciones de mitad de período también se ubicó en la primera mitad de los 40 puntos. Él continuó su marcha y ganó la reelección de manera aplastante en 1984.

"...los resultados de las elecciones de 2018 fueron consistentes con la norma para elecciones iniciales de medio período de un partido en el poder".

Fuente: The Washington Post
https://www.washingtonpost.com/opinions/if-the-midterms-were-a-referendum-trump-won/2018/11/09/a39cc5fe-e44f-11e8-ab2c-b31dcd53ca6b_story.html

06

ROBERT S. FORD
27 de diciembre, 2018

La decisión de Trump en Siria fue esencialmente correcta. He aquí cómo le puede sacar el máximo provecho

"La parte de Siria que las fuerzas estadounidenses controlan junto a sus aliados de las Fuerzas Democráticas de Siria (FDS) son en su mayoría llanuras desérticas o propensas a la sequía".

El trino del 23 de diciembre del Presidente Trump, prometiendo una retirada "lenta y altamente coordinada" de las fuerzas estadounidenses de Siria, puede aliviar el crujir de dientes entre los funcionarios y analistas en Washington, pero no pondrá fin a la crítica de su decisión. Esa es precisamente la razón por la que el presidente debería ver el gran alboroto que surgió después de que anunció la retirada de Siria como una oportunidad para tomar una serie de pasos para aprovechar al máximo su movimiento esencialmente correcto, pero ampliamente impopular.

Muchos observadores han afirmado que la retirada otorga la victoria en Siria a Rusia, a Irán y al gobierno sirio. Eso es absurdo. El régimen de Bashar al-Assad ya controla cerca de dos tercios de Siria, incluidas todas las ciudades principales. La parte de Siria que las fuerzas estadounidenses controlan junto a sus aliados de las Fuerzas Democráticas de Siria (FDS) son en su mayoría llanuras desérticas o propensas a la sequía. Los campos petroleros allí producen crudo con alto contenido de azufre y bajo valor, y la producción ha estado disminuyendo durante mucho tiempo. Los ingresos por petróleo representaron solo alrededor del 5 por ciento del producto interno bruto de Siria antes del levantamiento de 2011, según el Fondo Monetario Internacional. En resumen, la posesión del noreste de Siria no habría dado a Washington ninguna ventaja para obtener concesiones importantes de Damasco, Teherán o Moscú.

Estabilidad, no una zona autónoma de los kurdos sirios profundamente asediada, es el interés vital a largo plazo de los Estados Unidos en Siria nororiental. Turquía puede aceptar con condiciones el regreso de las fuerzas del gobierno sirio al área, como lo quieren Rusia e Irán. A Ankara no le gusta el gobierno de Assad, pero le disgusta más la perspectiva de una región autónoma kurda a lo largo de su frontera.

"Estabilidad, no una zona autónoma de los kurdos sirios profundamente asediada, es el interés vital a largo plazo de los Estados Unidos en Siria nororiental".

Los antiguos amigos de los Estados Unidos, los kurdos sirios, siempre han permitido a Damasco mantener abiertas sus oficinas de seguridad en Siria nororiental; los kurdos nunca cerraron ese canal de comunicación. Más bien al contrario, los kurdos sirios prefieren el despliegue de fuerzas del gobierno sirio a lo largo de la frontera turca para disuadir a Ankara. La ágil diplomacia rusa debería poder asegurar el acuerdo para un despliegue ordenado, tal vez gradual, de las fuerzas del gobierno sirio en la región anteriormente controlada por los Estados Unidos.

Tampoco la retirada de los Estados Unidos cambiará el juego para la seguridad israelí. Ya, Yaakov Amidror, ex jefe de la inteligencia militar israelí, ha señalado que la contribución de las tropas estadounidenses contra las fuerzas iraníes en Siria fue "de marginal a cero". Si Irán intenta construir un puente terrestre desde Teherán hasta sus aliados en el Líbano, la Fuerza Aérea Israelí es más que capaz de interceptar esos convoyes.

Los críticos también advierten que la retirada de los Estados Unidos podría llevar a un resurgimiento del Estado Islámico. Esto es posible, aunque en Siria occidental, que está bajo el control del gobierno sirio y sus aliados, hay poca actividad visible del Estado Islámico. En cualquier caso, las tropas estadounidenses no pueden destruir la ideología del Estado Islámico, y restringir el reclutamiento futuro por parte del grupo extremista requiere más que algunos proyectos de rehabilitación de infraestructura. Los sirios tenían electricidad y agua cuando se alzaron contra Assad en 2011; son los problemas sociales subyacentes de Siria los que generaron los disturbios y estimularon el reclutamiento de extremistas islámicos. Solo los sirios, no las tropas de Estados Unidos y los equipos de estabilización, pueden revertir eso. Haríamos bien en ser más humildes acerca de nuestras habilidades, especialmente frente a hostilidad regional sostenida y generalizada.

Hacia el futuro, la administración Trump debería utilizar las próximas semanas para apoyar los esfuerzos de los combatientes de las FDS para capturar las aldeas restantes en Siria oriental que aún están en poder del Estado Islámico. Mientras tanto, la administración necesita enviar tres mensajes a Moscú.

Primero, debe ofrecer a Rusia cooperación para allanar el camino para un acuerdo entre las FDS y Damasco que permita a las tropas sirias regresar a Siria oriental de una manera que satisfaga las preocupaciones de seguridad turcas y que no le de espacio nuevo al Estado Islámico. En segundo lugar, Washington podría ofrecer compartir con los rusos información útil sobre el Estado Islámico en Siria oriental y organizar una línea directa efectiva en caso de que Estados Unidos decida que una fuerza de ataque estacionada en la región deba golpear objetivos del Estado Islámico dentro de Siria. En tercer lugar, debería informar al Kremlin que los Estados Unidos apoyarán los movimientos israelíes para contrarrestar las acciones iraníes en Siria que amenazan la seguridad de Israel.

Finalmente, el presidente necesita considerar cómo su propio equipo de política exterior se adelantó tanto a él en Siria. Necesita personal en el Consejo de Seguridad Nacional (CSN) que pueda transmitir más claramente sus advertencias y preocupaciones sobre la política exterior de los Estados Unidos a las personas a cargo de su ejecución. Ese personal debe dejar claro a los funcionarios en los departamentos que, mientras él escucha las opiniones de varios departamentos, esos departamentos deben actuar de acuerdo con su orientación. Asegurar la implementación es el trabajo del CSN. El presidente se beneficiaría políticamente y, más importantemente, la seguridad nacional de los Estados Unidos se beneficiaría de tener un equipo de política exterior más eficaz.

> *"...la seguridad nacional de los Estados Unidos se beneficiaría de tener un equipo de política exterior más eficaz".*

Fuente: The Washington Post
https://www.washingtonpost.com/opinions/even-without-troops-the-us-can-still-have-influence-in-syria/2018/12/27/757582b8-0a08-11e9-85b6-41c0fe0c5b8f_story.html

07

MARC A. THIESSEN
31 de diciembre, 2018

Las diez mejores cosas que Trump ha hecho en 2018

En su segundo año en el cargo, la lista de cosas extraordinarias que el presidente Trump ha hecho, para bien o para mal, siguió creciendo. Hoy, ofrezco mi lista anual de las 10 mejores cosas que Trump ha hecho. (Mi siguiente columna les da mi lista de las 10 peores).

10. Ha asegurado la liberación de 19 personas, incluyendo 16 estadounidenses, de su cautiverio en el extranjero. Cuando el pastor Andrew Brunson fue liberado por Turquía, se convirtió en el decimonoveno cautivo liberado gracias a Trump. Otros incluyen cuatro retenidos por Corea del Norte; una trabajadora humanitaria y su esposo por Egipto; tres jugadores de baloncesto de la UCLA y una empresaria de Texas por China; una pareja y sus tres hijos por el Talibán; un ex funcionario de la CIA por Portugal; y una pareja retenida por Venezuela. Eso es, más cautivos liberados en dos años que los que el presidente Barack Obama hizo liberar en ocho. Y, a diferencia de Obama, Trump lo hizo sin liberar líderes terroristas ni enviar aviones cargados de efectivo a regímenes parias, creando un incentivo para la toma de más rehenes.

9. Les cumplió a los "americanos olvidados". El auge de Trump está beneficiando a quienes fueron dejados atrás por la economía de Obama. Los empleos de manufactura crecieron a la tasa más rápida en 23 años y la tasa de desempleo para los americanos sin diploma de escuela secundaria alcanzó el punto más bajo jamás registrado. El Wall Street Journal reporta que los salarios aumen-

"...más cautivos liberados en dos años que los que el presidente Barack Obama hizo liberar en ocho".

taron 3.1 por ciento — el mayor salto desde 2009 — y que "los trabajadores poco calificados se encuentran entre los principales beneficiados".

8. Trabajó con demócratas y republicanos para aprobar importantes leyes. No recibió mucha atención, pero Trump logró hacer mucho de manera bipartidista, incluyendo la reforma de la justicia penal, la legislación sobre opioides y tráfico sexual, y una nueva ley sobre el "Derecho a Intentar" que otorga a los americanos que se están muriendo acceso a medicamentos experimentales.

7. Ha abierto paso a una edad de oro para las mujeres en la CIA. Trump no solo nombró a Gina Haspel como la primera directora de la agencia, sino que también convirtió a Elizabeth Kimber en la primera mujer en dirigir el servicio clandestino de la agencia, recompensando a la "banda de hermanas" de la CIA que se ha esforzado para mantener al país seguro desde el 9/11.

6. Su empuje para expandir la producción doméstica de energía dio frutos. Este año, Estados Unidos superó a Arabia Saudita y a Rusia como principal productor de petróleo del mundo.

5. En los seis meses posteriores a la cumbre de Singapur con Corea del Norte, no ha hecho concesiones a Pyongyang. Se espera que el dictador norcoreano Kim Jong Un destruya algunas instalaciones nucleares inservibles a cambio de miles de millones en divisas fuertes. Trump se ha negado a jugar el juego de Kim. Trump no solo no ha levantado las sanciones, descongelado los activos de Corea del Norte, terminado la Guerra de Corea, ni ofrecido reconocimiento diplomático a Pyongyang, sino que además impuso nuevas sanciones a los miembros del círculo íntimo de Kim.

4. Volvió a golpear a Siria y eliminó los últimos vestigios del califato físico del Estado Islámico. Por segunda vez, hizo cumplir la línea roja de Obama en contra del uso de armas químicas. En diciembre, los combatientes respaldados por Estados Unidos capturaron a Hajin, el último bolsillo de territorio en poder del Es-

"Este año, Estados Unidos superó a Arabia Saudita y a Rusia como principal productor de petróleo del mundo".

tado Islámico. El grupo militante está lejos de ser derrotado, pero Trump está en lo cierto al decir que hemos "destrozado al ISIS".

3. Ha continuado su línea dura con Moscú. Trump anunció el retiro de Estados Unidos del Tratado de Fuerzas Nucleares de Rango Intermedio, envió misiles antitanque Javelin a Ucrania, canceló una reunión con Putin en la cumbre del Grupo de los 20 a raíz de la incautación de barcos de la Armada de Ucrania por parte de Rusia, expulsó a docenas de diplomáticos rusos e impuso más sanciones contra Moscú.

"...cuando los manifestantes iraníes se levantaron para desafiar al régimen, Trump (a diferencia de su antecesor) los respaldó".

2. Se retiró del desastroso acuerdo de Obama con Irán y volvió a imponer severas sanciones a Teherán. Las nuevas sanciones han sacado millones de barriles de petróleo iraní del mercado y han llevado a la cancelación de importantes acuerdos con inversores europeos. Y cuando los manifestantes iraníes se levantaron para desafiar al régimen, Trump (a diferencia de su antecesor) los respaldó.

1. Apoyó a Brett M. Kavanaugh e incluso en los peores momentos nunca vaciló. Trump ha confirmado un récord de 85 jueces en sus primeros dos años como presidente. Ese total incluye dos jueces de la Corte Suprema, 30 jueces de las cortes de apelación y 53 jueces de distrito que presidirán durante décadas. La exitosa lucha de Trump por Kavanaugh también le ayudó a ampliar su mayoría en el Senado, ya que votantes republicanos revitalizados expulsaron a cuatro senadores titulares demócratas que se opusieron a Kavanaugh.

Hubo muchos más logros no incluidos en esta lista. Trump consiguió que Méjico, Canadá y Corea del Sur firmaran nuevos acuerdos comerciales. Continuó su reducción de regulaciones, reemplazando el "Plan de Energía Limpia" de Obama y su regla de "Aguas de los Estados Unidos", y devolviendo el poder a los estados. Se enfrentó a la Corte Penal Internacional, que pretende tener jurisdicción sobre los soldados y ciudadanos de los Estados Unidos. Y su elegante manejo del funeral de George H.W. Bush imprimió dignidad a su cargo.

Ese es un sólido récord de éxito. Revisaremos las 10 peores cosas que Trump ha hecho, en la próxima columna.

"Trump ha confirmado un récord de 85 jueces en sus primeros dos años como presidente".

Fuente: The Washington Post
https://www.washingtonpost.com/opinions/the-10-best-things-trump-has-done-in-2018/2018/12/31/a2de64b6-0d1b-11e9-84fc-d58c33d6c8c7_story.html

08

MARC A. THIESSEN
2 de enero, 2019

Las diez peores cosas que Trump hizo en 2018

En su segundo año en el cargo, el presidente Trump hizo muchas cosas positivas, y el lunes ofrecí mi lista de las 10 mejores cosas que hizo Trump en 2018. Pero también hizo muchas cosas malas que van desde vergonzosas hasta catastróficas. Aquí están las 10 peores:

10. Su comentario sobre los países "huecos de mierda" hizo estallar las negociaciones para un acuerdo que le habría dado a Trump su muro fronterizo. Hace casi un año, el presidente les hizo una oferta audaz a los demócratas — poniendo sobre la mesa no solo el estatus legal sino también un camino hacia la ciudadanía para casi 1,8 millones de jóvenes inmigrantes ilegales. Entonces, su abominable comentario les quitó el piso a los demócratas que habían tomado en serio el llegar a un acuerdo y dieron a aquellos que no lo habían hecho un pretexto para alejarse.

9. Sus trinos ofensivos continuaron minando su presidencia. Llamar a la antigua asistente de la Casa Blanca, Omarosa Manigault Newman, "una perra" y a Stormy Daniels "cara de caballo" — entre innumerables trinos ofensivos —no es solo poco presidencial, aleja a posibles partidarios a quienes les gustan sus políticas, pero se les recuerda qué tanto no les gusta Trump.

8. Su mal uso del poder convirtió a críticos en mártires. Revocar su autorización de seguridad al ex director de la CIA, John Brennan, y el pase de prensa de la Casa Blanca, al corresponsal

"...convirtió en víctimas a críticos partidistas que estaban actuando de forma vergonzosa...."

de CNN para la Casa Blanca, Jim Acosta, convirtió en víctimas a críticos partidistas que estaban actuando de forma vergonzosa —y les dio una plataforma aún mayor desde la cual atacarlo.

7. Alejó a los votantes suburbanos e hizo que el partido republicano perdiera el control de la Cámara. Eso es porque el presidente ha buscado dar energía a su base usando maneras que ahuyentan a esos votantes. Si quiere ganar la reelección, Trump necesita traer de nuevo al redil del partido republicano a los votantes republicanos de los suburbios.

6. Su manejo sin elegancia del funeral del senador John McCain fue un nuevo punto bajo. A Trump no le gustaba McCain, pero cuando eres el presidente, algunas veces debes honrar a personas que no te gustaban. McCain fue un héroe americano. La incapacidad de Trump para encontrar una palabra amable o generosa se reflejó pobremente en el presidente.

5. Su manejo del asesinato de Jamal Khashoggi le hizo daño a la posición moral de Estados Unidos. Trump está en lo cierto al afirmar que una brecha permanente con Arabia Saudita no es aceptable, porque no hay otro país en el Medio Oriente que pueda servir de contrapeso a Irán. Pero fue indecoroso declarar que "todo tiene que ver con 'América Primero'" y "Nosotros no vamos a renunciar a cientos de miles de millones de dólares en pedidos."

4. Su conferencia de prensa con Vladimir Putin en Helsinki fue una vergüenza. Su reunión con el presidente ruso se produjo poco después del intento de asesinato de un disidente en territorio británico, por parte de Rusia, utilizando armas químicas prohibidas y la acusación a 12 rusos por injerencia en la elección de 2016. En lugar de condenar estas acciones, Trump públicamente se puso del lado de Putin pasando sobre su propia comunidad de inteligencia.

3. Su política de separar a los niños migrantes de sus familias en la frontera sur fue una tragedia evitable. No hay nada malo con tener una política de tolerancia cero para cruces ilegales. Pero la falla de su administración en no anticipar y preparar cómo tratar con las familias migrantes fue negligencia grave —un síntoma del caos que está socavando su presidencia.

"...Trump necesita traer de nuevo al redil del partido republicano a los votantes republicanos de los suburbios".

2. Su planeado retiro de las fuerzas de Estados Unidos de Afganistán es un regalo para el Talibán y para al-Qaeda. En 2017, mi 'Lista de las 10 Mejores' elogió a Trump por revertir la desastrosa retirada del presidente Barack Obama, de la que dijo "crearía un vacío para terroristas". Pero en diciembre, Trump ordenó a los militares que comenzaran a planificar la retirada de aproximadamente 7.000 soldados —más o menos la mitad del número de fuerzas estadounidenses en Afganistán. La noticia se produjo justo cuando los funcionarios de los Estados Unidos estaban manteniendo conversaciones con el Talibán, cuya demanda número uno es. . . la retirada de las fuerzas de los Estados Unidos. Difícilmente el "arte del trato".

1. Su retirada de todas las tropas de los Estados Unidos en Siria removerá de los cuellos de los terroristas la bota de Estados Unidos. La afirmación de Trump de que "hemos derrotado a ISIS en Siria" es tan mala como la de Obama de menospreciarlos refiriéndose a ellos como el escuadrón "J.V." El Estado Islámico todavía tiene cerca de treinta mil combatientes en Irak y Siria, y alrededor de $ 400 millones en sus arcas. El Estado Islámico no está derrotado, y ni un solo miembro del equipo de seguridad nacional de Trump está de acuerdo con su decisión de retirarse. Si él deja al Estado Islámico fuera del tapete, como lo hizo Obama en Irak en 2011, nuestra nación pagará un precio terrible.

Es notable que, con la excepción de los retiros de tropas y las separaciones familiares, la mayoría de los puntos en esta lista fueron transgresiones de estilo más que de sustancia. Con el botón de silencio activado, la presidencia de Trump es bastante buena desde una perspectiva de política conservadora. Y, sin embargo, el índice de aprobación de Trump al final del año es solo del 39 por ciento —porque la mayoría de los americanos no siguen la política con el sonido apagado.

"...la mayoría de los puntos en esta lista fueron transgresiones de estilo más que de sustancia".

Fuente: The Washington Post
https://www.washingtonpost.com/opinions/the-10-worst-things-trump-did-in-2018/2019/01/02/f4025456-0eb0-11e9-84fc-d58c33d6c8c7_story.html

09

GARY ABERNATHY
27 de febrero, 2019

Por qué un muro más alto reducirá el crimen

H ILLSBORO, Ohio — Para aquellos que se oponen a la declaración del presidente Trump de una emergencia nacional para construir más muro fronterizo, el presidente y sus partidarios son racistas y despiadados oportunistas que simplemente apelan al fanatismo y a la ignorancia con fines políticos.

Para aquellos que apoyan la construcción de más barreras y represión más dura, la gimnasia verbal y estadística en la que muchos se involucran para minimizar los problemas causados por nuestra porosa frontera sur es simplemente desconcertante.

Las redes de noticias por cable, los programas de entrevistas en la radio y los 'bloggers' han sido rápidos en adoptar discursos predecibles sobre el tema. Los medios liberales resaltan historias desgarradoras de familias que intentan llegar al suelo de los Estados Unidos para tener una vida mejor, o para escapar de la violencia o de la persecución política.

Los medios conservadores se enfocan en las pandillas, los criminales y las drogas que cruzan la frontera. Ambas tramas tienen algo de verdad, pero parece ser un caso de estar en un extremo o en el otro, dependiendo de a quién o qué miras y consumes a manera de noticias. No es de extrañar que ninguna de las dos partes pueda comenzar a entender lo que está pensando la otra parte.

Tampoco ayuda que muchos de los que se oponen al muro pinten la base política de Trump como una coalición de americanos

"...la disputa es sobre la inmigración ilegal, no sobre la inmigración en general".

mayoritariamente blancos, que, en su fanatismo ingenuo, tienen miedo de cualquiera que no se parezca a ellos. O que mucha de la gente de donde yo vengo piense que a las fuerzas antiTrump no les importa el futuro del país.

"...insertados dentro de cualquier grupo grande hay algunos elementos criminales. Consideramos lógico tomar medidas duras..."

Lo único que puedo hacer es explicar lo que escucho con mayor frecuencia aquí en el suroeste de Ohio, una parte del área centro-norte donde no hay, ciertamente, mucha gente de otros lugares. Sin embargo, la mayoría de la gente de aquí, un fuerte territorio de Trump, reconoce que ellos mismos son descendientes de inmigrantes. Ellos apoyan totalmente la inmigración legal y nosotros recibimos de buena manera a los recién llegados a nuestro pequeño pueblo rural de cerca de 7,000 aproximadamente una hora al este de Cincinnati.

El flujo constante de historias y anécdotas que describen las contribuciones positivas de los inmigrantes rara vez deja en claro que la disputa es sobre la inmigración ilegal, no sobre la inmigración en general. La mayoría de la gente, a diestra y siniestra, simpatizan con las personas que quieren llegar a los Estados Unidos en busca de una mejor vida, aun con aquellos que intentan ingresar ilegalmente. Pero también entienden que insertados dentro de cualquier grupo grande hay algunos elementos criminales. Consideramos lógico tomar medidas duras —incluyendo muros y otras barreras— para hacer que sea lo más difícil posible para las personas eludir los medios legales de ingreso a los Estados Unidos.

Es habitual en estos días que los críticos de Trump argumenten que sus declaraciones de una emergencia fronteriza se ven atenuadas por el hecho de que, como ha señalado la Associated Press, "los cruces ilegales de la frontera están por debajo del máximo de 1.6 millones en 2000". Esa cifra, sin embargo, representa no cuántas personas cruzaron ilegalmente, sino cuántas fueron detenidas. En comparación, las estadísticas de Aduanas y Protección Fronteriza de EE. UU. Muestran que las capturas se redujeron a poco menos de 400,000 en el año fiscal 2018.

¡Pero si "tan solo" 400,000 personas al año cruzan ilegalmente la frontera, eso es aún mucha gente! Y eso significa que de hoy a

2023, 2 millones más de inmigrantes ilegales entrarán al país; 4 millones más a 2028.

Otro argumento común, como informó The Post el año pasado, es que "los inmigrantes indocumentados tienen una probabilidad de cometer delitos considerablemente menor que los ciudadanos nativos". Para millones de americanos, la respuesta es "¿Y eso qué?" Usando las tasas de condenas de Texas de 2015, el estudio del Instituto Cato citado por el artículo de The Post indicaba que aproximadamente 1,800 de cada 100,000 ciudadanos de nacimiento son condenados por delitos, con aproximadamente 3 de ellos por cada 100,000 condenados por homicidio. En comparación, solo alrededor de 900 de cada 100,000 inmigrantes ilegales son condenados por delitos, incluyendo aproximadamente 2.5 de cada 100,000 que son condenados por homicidio.

No hay mucho que podamos hacer para prevenir los homicidios cometidos por ciudadanos de nacimiento; pero, si podemos prevenir, a través de una mejor vigilancia de las fronteras, los cientos de delitos, incluyendo homicidios, cometidos anualmente por inmigrantes ilegales, ¿no deberíamos hacerlo? Muchas de las personas aquí en el sur de Ohio que apoyan a Trump piensan que sí deberíamos.

"...si podemos prevenir, a través de una mejor vigilancia de las fronteras, los cientos de delitos, incluyendo homicidios, cometidos anualmente por inmigrantes ilegales, ¿no deberíamos hacerlo?"

Los opositores a la declaración de emergencia nacional de Trump insisten en que no hay una nueva emergencia, y en esto sus partidarios están ampliamente de acuerdo. Para ellos, sin embargo, la emergencia se ha venido dando por mucho tiempo, sin ningún presidente anterior (o Congreso) dispuesto a enfrentarla seriamente con el sentido de urgencia que ella exige.

La presidenta de la Cámara de Representantes, Nancy Pelosi (D-Calif.), advirtió a los republicanos que, si se mantiene la declaración de emergencia de Trump, podría llevar a futuros presidentes a ejercer dicha autoridad en asuntos de control de armas o regulaciones de cambio climático. Cómo fallarán finalmente los tribunales sobre la declaración de emergencia de Trump es algo que no se sabe, pero un presidente tratando de asegurar la frontera —una prioridad constitucional de cualquier presidente— posiblemente tenga mejores probabilidades de obtener una decisión favorable que en declaraciones similares sobre control de armas, cambio climático u otros asuntos domésticos.

A pesar de interpretaciones populares contrarias, la mayoría de los americanos que apoyan la construcción de más millas de muros y una mejor seguridad de la frontera por otros medios, no están impulsados por el racismo, el odio o la ignorancia. Están en cambio motivados por lo que alguna vez se consideraba sentido común básico. Tan solo que las estadísticas muestren que ya existen amenazas dentro de nuestras fronteras, no es razón para no utilizar todos los medios legales posibles para evitar amenazas adicionales desde afuera a nuestra protección y seguridad.

"...la mayoría de los americanos que apoyan la construcción de más millas de muros y una mejor seguridad de la frontera por otros medios, no están impulsados por el racismo, el odio o la ignorancia".

Fuente: The Washington Post
https://www.washingtonpost.com/opinions/2019/02/27/why-higher-wall-will-lower-crime

10

HENRY OLSEN
28 de febrero, 2019

No, la cumbre con Corea del Norte no fue una pérdida para Trump

Los críticos del presidente Trump dijeron que era demasiado vanidoso como para rechazar un mal acuerdo en su cumbre con el líder norcoreano Kim Jong Un. Pero eso es exactamente lo que hizo, y en el proceso mostró ser un ganador.

La sabiduría convencional previa a la cumbre decía que esto no sucedería. Trump supuestamente "necesitaba" un acuerdo para contrarrestar la publicidad del testimonio del miércoles de su ex abogado personal Michael Cohen ante el Comité de Vigilancia de la Cámara. Se suponía que Trump estaba muy infatuado con su relación personal con Kim como para rechazar lo que el hábil dictador presentara. Asistentes anónimos decían estar preocupados por lo que podría suceder si los dos hombres se encontraban a solas juntos en un cuarto.

"...Trump dejó en claro que estaba más interesado en la sustancia que en el espectáculo".

Pues bien, estuvieron solos en un cuarto, Kim sí ofreció un terrible trato, y Trump calladamente se retiró. De hecho, al acortar la cumbre y retirarse sin siquiera firmar una declaración final para salvar las apariencias, Trump dejó en claro que estaba más interesado en la sustancia que en el espectáculo.

No se equivoquen, el trato que supuestamente le ofreció Kim hubiera sido terrible desde la perspectiva de los Estados Unidos. El desmantelamiento de la instalación nuclear de Corea del Norte en Yongbyon a cambio de poner fin a todas las sanciones a esa nación, como Trump describió la oferta, les habría dado a los norcoreanos lo que más deseaban por tan solo una pequeña parte de lo que nosotros queríamos. Incluso la caracterización de la oferta por parte del Norte, de que solo querían que se removieran algunas sanciones, hubiera sido insuficiente para los Estados Unidos.

Los líderes de Corea del Norte hubieran conservado todos sus misiles intercontinentales, todo el plutonio ya producido de grado adecuado para armamento y todos los dispositivos nucleares que pudieran haber almacenado, y hubieran mantenido en secreto todo su inventario nuclear. De hecho, ofrecer desmantelar su única fuente conocida de plutonio es en sí mismo un indicio de que han desarrollado fuentes alternativas, lo que hace que Yongbyon sea prescindible. Ningún líder serio hubiera siquiera considerado tal oferta.

Rechazarla de plano muestra que Trump ha sido serio en este caso. "A veces hay que retirarse, y ésta ha sido simplemente una de esas ocasiones", dijo el presidente en una conferencia de prensa. El hecho de que Trump pueda hacer eso envía un mensaje claro a Kim y a otros gobiernos con los que está negociando de que no dejará que el ego se interponga en el camino de conseguir un buen acuerdo para los Estados Unidos.

"A veces hay que retirarse, y ésta ha sido simplemente una de esas ocasiones", dijo el presidente..."

Esto a su vez reforzará, no disminuirá, su popular situación doméstica. Sus partidarios verán su criterio reivindicado: Trump se arriesgó, no consiguió lo que necesitaba y fue lo suficientemente astuto como para cancelar la reunión. Aquellos que no están comprometidos con su odio por él pueden comenzar a verlo desde una perspectiva diferente. Después de todo, les habían dicho sin cesar que Trump no podía hacer lo que acaba de hacer. Tal vez comiencen a verlo como lo que siempre dijo que era: un negociador que sabe manejar zanahorias y palos, halagos y comentarios directos, según sea necesario para finalizar un acuerdo.

No se equivoquen, todavía se puede hacer un trato. La salida de Trump no significa que cesen las conversaciones con Corea del Norte. Tuvo cuidado de no maldecir a Kim, de no pedir un regreso a "fuego y furia", ni de comenzar a trinar sobre el "Hombre Cohete". En cambio, simplemente dijo que este trato no era lo suficientemente bueno y se fue, enviando de nuevo la pelota a la cancha de Pyongyang para ver si sus líderes están dispuestos a avanzar más hacia el objetivo declarado de la desnuclearización.

Corea del Norte conoce ahora los límites de su ofensiva carismática. Una determinación firme parece estar por debajo de toda la adulación y charla untuosa que Trump le había concedido a Kim. La charla demostró ser solo eso — charla.

No sabemos qué pasará después. Quizás todos los críticos tengan razón la próxima vez. Tal vez Trump sólo quería un trato un poco menos malo para firmarlo. Tal vez el testimonio de Cohen tuvo el efecto contrario, al convencer al presidente de que mostraría más fuerza retirándose que firmando un acuerdo estando bajo presión política en casa. Quizás.

O quizás, solo quizás, Trump realmente sabe lo que está haciendo.

"La salida de Trump no significa que cesen las conversaciones con Corea del Norte."

Fuente: The Washington Post
https://www.washingtonpost.com/opinions/2019/02/28/no-north-korea-summit-was-not-loss-trump

11

NEW YORK POST
5 de marzo, 2019

Sí, ésto parece una crisis fronteriza

Más de 76,000 migrantes cruzaron ilegalmente la frontera sur el mes pasado, el número más alto en 12 años. Hasta ahí llegaron todos esos "chequeos de los hechos" por parte de los medios de comunicación argumentando que no hay emergencia para justificar el muro del presidente Trump.

Los funcionarios de inmigración dicen que el número sólo va a aumentar, creando lo que el comisionado de Aduanas y Protección de Fronteras, Kevin McAleenan, advierte será "una crisis de seguridad fronteriza y humanitaria".

¿Por qué vienen en esos números tan vastos? Porque los contrabandistas los han aleccionado sobre cómo aprovechar las recientes decisiones judiciales para solicitar asilo y permanecer aquí indefinidamente.

Vienen (principalmente de Guatemala) en grupos cada vez más grandes, en su mayoría familias en lugar de individuos. Les han dicho que si cruzan la frontera ilegalmente, solo necesitan gritar "asilo". Y que los adultos que viajan con niños tienen una mayor oportunidad de quedarse.

Trump quiere un muro para evitar esa regla de "poner un pie en suelo americano". Pero lo que realmente se necesita es un cambio de nuestras perversas normas de asilo —lo que requerirá tanto cooperación como compromiso políticos.

"Más de 76,000 migrantes cruzaron ilegalmente la frontera sur el mes pasado, el número más alto en 12 años".

"...se necesita es un cambio de nuestras perversas normas de asilo..."

Considere: Los funcionarios dicen que los mayores "factores de atracción" para las familias migrantes son los acuerdos judiciales que no sólo impiden las deportaciones sin largos procedimientos judiciales, sino que también evitan la detención de familias por más de 20 días.

Después de ese período, se les debe permitir a las familias que se establezcan aquí mientras sus casos navegan por el tribunal de inmigración.

En otras palabras, una vez que logran cruzar la frontera, no podemos rechazarlos y no podemos retenerlos. Esa situación, advierte McAleenan, es "insostenible".

El Congreso debe dar un paso adelante y actualizar leyes escritas mucho antes de que surgiera el dilema de hoy. Pero hacerlo significa no permitir que los extremos exclusionista y de fronteras abiertas se atraviesen en el camino de las soluciones prácticas.

Los legisladores odian el intento de "emergencia nacional" de Trump para construir El Muro, pero es su trabajo ofrecer una mejor solución de largo plazo.

Fuente: New York Post
https://nypost.com/2019/03/05/yeah-this-looks-like-a-border-crisis

12

GARY ABERNATHY
25 de marzo de 2019

La reacción del País de Trump al informe Mueller: '¿Y qué?'

H ILLSBORO, Ohio — podría haberse esperado que la conclusión de la investigación de colusión con Rusia hubiera sido recibida en el País de Trump con celebración, alivio o incluso cierto grado de regocijo.

Este no es el caso. Aquí, en el sur de Ohio y, probablemente, en otros lugares donde el apoyo al presidente Trump se ha mantenido muy sólido, la conclusión del abogado especial Robert S. Mueller III de que ni Trump, ni nadie relacionado con su campaña, conspiró con Rusia durante las elecciones de 2016 fue recibida con un gesto de desdén colectivo. Esto, porque para el País de Trump los hallazgos representan una conclusión ya determinada.

Al enterarse de que el informe de Mueller no había encontrado ninguna colusión, una mujer en un restaurante de Hillsboro, el domingo, resumió los sentimientos de la mayoría aquí cuando respondió: "¿Y qué? Eso ya lo sabíamos, ¿no es cierto?"

La base de Trump ha considerado durante mucho tiempo la investigación de Mueller como un ejercicio político que ha surgido de la renuencia de los oponentes de Trump a aceptar su elección. También saben que el informe Mueller no será el final de lo que ven como una cadena de investigaciones partidistas. Saben que los demócratas, los 'Nunca Trump' y muchos en los medios de comunicación rápidamente darán un giro y generarán tantos titu-

"...el informe Mueller no será el final de lo que ven como una cadena de investigaciones partidistas".

lares en el futuro como sea posible a partir de las investigaciones estatales en curso y las investigaciones del Congreso. Ese ritmo continúa.

Dado que no se repetirá con la frecuencia que se merece después de casi dos años de sospecha manufacturada, es importante señalar esto del resumen del Fiscal General William P. Barr sobre la investigación de Mueller: "La investigación del Asesor Especial no encontró que la campaña de Trump o ninguna persona asociada con ella haya conspirado o coordinado con Rusia en sus esfuerzos por influir en las elecciones presidenciales de los Estados Unidos en 2016". Más adelante, el resumen agrega que esa colusión no ocurrió "a pesar de las múltiples ofertas de personas afiliadas a Rusia para ayudar a la campaña de Trump".

En lugar de todos los americanos, independientemente de filiación política, estar celebrando colectivamente junto con todas las organizaciones legítimas de comunicaciones el hecho de que se haya descubierto que nuestro presidente no ha conspirado con Rusia, demasiados expertos se han centrado el domingo en el fracaso de Mueller para determinar si Trump ha obstruido la justicia. Después de que Barr y el Vice Fiscal General Rod J. Rosenstein estuvieran de acuerdo en que la evidencia de obstrucción no constituía en sí un delito, tanto CNN como MSNBC, durante la primera hora después de la publicación del informe de Barr, dedicaron más tiempo enfocándose en la cuestión de la obstrucción que en la exoneración de la colusión, con base en mi propia alternancia entre ambas cadenas. Era la única cuerda suelta que quedaba por agarrar.

"La investigación del Asesor Especial no encontró que la campaña de Trump o ninguna persona asociada con ella haya conspirado o coordinado con Rusia en sus esfuerzos por influir en las elecciones presidenciales de los Estados Unidos en 2016".

(Para su crédito, Anderson Cooper de CNN, más tarde en la noche, respondió a algunos invitados críticos reflexionando sobre lo que la mayoría de los americanos probablemente estaban sintiendo, proponiendo: "En general, si es un hecho que el presidente y las personas que lo rodean no se confabularon con los rusos que estaban involucrados en esta elección, eso es una gran cosa para este país". Gracias, Sr. Cooper).

El sábado, demócratas importantes del Congreso tuvieron una conferencia por teléfono para discutir "estrategia" antes de la publicación de los hallazgos de Mueller. ¿Estrategia? ¿Qué estrategia se necesita para proporcionar una reacción honesta al reporte de Mueller? ¿No debería ser la estrategia expresar alarma si se encontró colusión, alivio y seguridad si no fue así? No, se necesitaba una conferencia de estrategia porque, como dejó claro un titular del Post antes de que se dieran a conocer los hallazgos, "los demócratas insisten en seguir las investigaciones de Trump sin importar lo que concluya Mueller".

"¿Qué estrategia se necesita para proporcionar una reacción honesta al reporte de Mueller?"

Los demócratas pasaron dos años armando un círculo de protección alrededor de Mueller, presentándolo como un parangón de virtud, un árbitro incuestionable de la verdad, preocupándose sin cesar de que Trump pudiera despedirlo. Pero durante el fin de semana, ellos y muchos en los medios comenzaron a cuestionar su competencia. Después de que se anunció el viernes que no habría más acusaciones, Chris Matthews de MSNBC estaba fuera de sí.

"Tal vez dejó pasar el tren aquí", dijo Matthews de Mueller. "Porque sabemos de la reunión en la Trump Tower en junio de 2016, sabemos de la reunión en el bar de cigarros con [Konstantin] Kilimnik. ... Todos estos puntos, ahora debemos creer que no están conectados".

Desde la elección de Trump, muchos en los medios de comunicación han confundido puntos desconectados con hechos tangibles. La vida de todos está marcada por puntos aleatorios que pueden extrapolarse para sugerir las peores conclusiones.

En este momento, la base de Trump verá el fracaso de algunos de aceptar los hallazgos de Mueller (en conjunto con las investigaciones estatales y del Congreso en curso) no sólo como un ataque contra el presidente sino también como un asalto a los votantes que lo colocaron en la Casa Blanca. Ellos lo tomarán cada vez más de manera personal, como otra crítica elitista a cada hombre y mujer que votó por él. No se necesitará un mayor motivador para votar en 2020.

Desde mayo de 2017, Trump ha insistido en que "no ha habido colusión" al menos 231 veces. Los verificadores de hechos que se deleitan en compilar listas de "mentiras y declaraciones engañosas" del presidente deben, de buena fe, agregar una anotación especial que haga referencia a este mantra presidencial particular. Sobre esta, la más importante de las cuestiones, resulta que si bien muchas personas mintieron y engañaron, Trump ha estado diciendo la verdad todo el tiempo.

"Desde la elección de Trump, muchos en los medios de comunicación han confundido puntos desconectados con hechos tangibles".

Fuente: The Washington Post
https://www.washingtonpost.com/opinions/2019/03/25/trump-countrys-reaction-mueller-report-so-what

13

MARC A. THIESSEN
11 de abril, 2019

Lo siento, señor Presidente, este país no esta 'lleno'

El presidente Trump está ciento por ciento correcto al afirmar que hay una crisis en nuestra frontera sur. Y está absolutamente en lo cierto cuando dice que algunos inmigrantes están abusando de nuestras leyes de asilo. Pero está totalmente equivocado cuando declara, en lo que se ha convertido en su refrán favorito, que "Nuestro país está LLENO".

Lo siento, nuestro país no está lleno. Ni mucho menos. Lo opuesto es válido. Necesitamos más inmigrantes, muchos más. De hecho, nadie necesita más inmigrantes que Trump.

Hoy, gracias al liderazgo de Trump, la economía de los Estados Unidos es fuerte. El desempleo recientemente alcanzó su nivel más bajo en cuarenta y nueve años. El empleo estadounidense de manufactura está creciendo al ritmo más rápido en casi veinticinco años. Bajo la mirada de Trump, las tasas de desempleo para los afroamericanos, hispanos y americanos sin diploma de escuela secundaria han alcanzado los puntos más bajos jamás registrados.

"El Wall Street Journal recientemente llamó a esto "el mercado laboral más candente en medio siglo"..."

El Wall Street Journal recientemente llamó a esto "el mercado laboral más candente en medio siglo", declarando que "los trabajadores son tan escasos que, en muchas partes del país, los trabajos de baja calificación se están entregando prácticamente a cualquier persona dispuesta a aceptarlos —y los trabajadores altamente calificados son aún más escasos. Todo tipo de personas que previamente habían tenido problemas para conseguir un puesto ahora están encontrando trabajo. Las minorías raciales, aquellos con menos educación y las personas que trabajan en los puestos peor remunerados están obteniendo incrementos salariales más grandes y, en muchos casos, experimentando la tasa más baja de desempleo registrada para sus grupos".

En algunos lugares, el desempleo es tan bajo que los empleadores no pueden encontrar trabajadores para llenar los puestos de trabajo. Hay ahora un récord de 7.1 millones de vacantes en los Estados Unidos. De acuerdo con la Federación Nacional de Negocios Independientes, el 39 por ciento de las pequeñas empresas dice que tienen un puesto vacante que no pueden llenar, y el 90 por ciento de los dueños de negocios que contrataron o trataron de contratar trabajadores, reportaron o pocos o ningún candidato calificado para el puesto. Casi una cuarta parte de los propietarios de pequeñas empresas reportan que encontrar trabajadores calificados es su "problema empresarial individual más importante". Y la demanda de trabajadores de temporada es tan grande que cuando el 1 de enero se abrió el período de solicitudes para visas H-2B, el sistema electrónico de registro de visas del Departamento de Trabajo se fundió debido a la abrumadora demanda. Los empleadores solicitaron tres veces más cantidad de visas que las que había disponibles.

Para citar a mi colega del American Enterprise Institute, Michael R. Strain, "este es un buen problema que tener". Pero es un problema. Si Trump quiere mantener funcionando esta fuerte economía y lograr su objetivo declarado de un crecimiento sostenido del 3% durante su presidencia, necesita más trabajadores.

El comité editorial del Post advierte que el presidente Trump tratará de implementar políticas crueles y legalmente cuestionables incluso sin su inepto secretario de Seguridad Nacional. (The Washington Post)

El problema es que los Estados Unidos no están produciendo suficientes trabajadores nativos. Según el Grupo de Innovación Económica, el 80 por ciento de los condados de EE. UU. perdieron adultos en óptima edad de trabajar, desde el 2007 hasta el 2017. Y la situación no está mejorando. De acuerdo con los datos

"Muchos 'millennials' quieren socialismo, pero no están produciendo los futuros trabajadores y contribuyentes necesarios para pagar por ello..."

de la Oficina del Censo, nuestra tasa de crecimiento de población para el año fiscal 2017-2018 fue de 0.62 por ciento, la más baja desde 1937, durante la Gran Depresión. La población de los Estados Unidos está creciendo ahora a un nivel menor que los niveles de reemplazo.

La disminución está impulsada en gran parte por los 'millennials', que se casan y tienen hijos a tasas mucho más bajas que las de generaciones anteriores. Es irónico. Muchos 'millennials' quieren socialismo, pero no están produciendo los futuros trabajadores y contribuyentes necesarios para pagar por ello.

La única cosa que nos separa de una disminución general de población es la llegada de inmigrantes, quienes representan aproximadamente el 48 por ciento del crecimiento de la población de los Estados Unidos. Y la inmigración se proyecta que "será el principal contribuyente al crecimiento de la población nacional después de 2030", informó la Institución Brookings.

Luego, necesitamos más inmigrantes. Los americanos entienden esto: el 84 por ciento dice que la inmigración legal es buena para el país, y solo el 29 por ciento cree que debería disminuirse —el nivel más bajo desde 1965. Desafortunadamente, los senadores Tom Cotton (R -Ark.), David Perdue (R -Ga.) y Josh Hawley (R -Mo.) han introducido legislación que reduciría la inmigración legal en un 50 por ciento en 10 años. Sin duda, nuestro sistema de inmigración necesita reformas razonables, como eliminar el sistema de la lotería de visas, poner fin a la migración en cadena e imponer un proceso de E-Verify obligatorio. Pero una reducción general de la inmigración sería desastrosa para el país. Necesitamos inmigrantes para detener la disminución de la población. Necesitamos inmigrantes que trabajen y paguen los impuestos que financian el Seguro Social y el Medicare de nuestra población que envejece. Y necesitamos inmigrantes para proporcionar el capital humano para mantener el crecimiento económico y la prosperidad. Si el presidente quiere mantener este auge económico, necesita que vengan más personas a los Estados Unidos, no menos.

Por lo tanto, sí, nuestro brillante castillo en la colina necesita muros —porque el mundo es un lugar peligroso y nosotros somos

"...una reducción general de la inmigración sería desastrosa para el país. Necesitamos inmigrantes para detener la disminución de la población".

una nación de leyes. Pero, como lo puso el presidente Ronald Reagan en su discurso de despedida, esos muros también deben tener puertas. Y el letrero encima de esas puertas debe decir "Bienvenido a América", y no "Lo sentimos, estamos llenos".

"Si el presidente quiere mantener este auge económico, necesita que vengan más personas a los Estados Unidos, no menos".

Fuente: The Washington Post
https://www.washingtonpost.com/opinions/yes-america-needs-walls-but-the-country-is-not-full/2019/04/11/2345b4e8-5c71-11e9-a00e-050dc7b82693_story.html

14

MATT MACKOWIAK
1 de mayo, 2019

Barr destruye a los demócratas con hechos inconvenientes

Un nuevo día, otra hiperpublicitada historia "bomba" relacionada con la investigación de Rusia.

Como un reloj, una filtración selectiva de la Oficina del Fiscal Especial al Washington Post, el martes por la noche, detallaba una carta que Robert Mueller le había enviado al Fiscal General William Barr después de que él enviara su resumen de cuatro páginas del informe Mueller al Congreso el 24 de marzo.

El titular supuestamente describía la insatisfacción de Mueller con la carta del Sr. Barr.

¿Había engañado al público el fiscal general Barr?

Partidarios demócratas y figuras de los medios se abalanzaron.

¿Había perjurado el Fiscal General Barr ante el Congreso?

Al menos un senador en funciones pidió inmediatamente que el Sr. Barr renunciara.

Como de costumbre, la exageración se adelantó bastante a los hechos.

El Sr. Mueller le dijo al Sr. Barr que en su resumen de cuatro páginas nada era inexacto, pero que prefería que sus "resúmenes" se divulgaran al público porque el Sr. Mueller sentía que la cobertura noticiosa de sus hallazgos estaba confundiendo al público.

El Sr. Barr decidió no publicar los resúmenes, que debían ser editados, y en su lugar darle prioridad a la publicación completa del informe Mueller con redacciones, el cual incluirían los resúmenes.

¿Cómo puede ser peor publicar un informe completo que publicar resúmenes?

En lo que se refiere a mentirle al Congreso, esta es una situación en la que el lenguaje específico importa.

Al Sr. Barr nunca se le preguntó si el Sr. Mueller le había proporcionado comentarios negativos directamente a él después de su carta al Congreso.

En su lugar, el 9 de abril, el representante Charlie Crist, demócrata de Florida, le preguntó al Sr. Barr: "Recientemente han surgido informes, generales, de que los miembros del equipo del fiscal especial están frustrados en algún nivel con la información limitada incluida en su carta del 24 de marzo, que no representa necesariamente de manera adecuada o precisa los hallazgos del informe. ¿Sabe usted a qué se refieren con eso? "

El Sr. Barr respondió: "No, no lo sé. Sospecho que probablemente querían que se publicara más, pero en mi opinión, yo no estaba interesado en publicar resúmenes o en tratar de resumir".

Claramente, el Sr. Barr no le mintió al Congreso.

"Las últimas 24 horas han sido otra reacción exagerada y masiva a una historia falsa".

Las últimas 24 horas han sido otra reacción exagerada y masiva a una historia falsa. Tal vez podamos descubrir más si el Sr. Mueller testifica ante el Congreso en las próximas semanas.

Mientras tanto, el Sr. Barr actuó de manera completamente apropiada.

El Sr. Mueller determinó que no se podían presentar cargos por conspiración con Rusia. No llegó a ninguna determinación sobre obstrucción.

Como fiscal especial, el Sr. Mueller es un empleado del Departamento de Justicia. La decisión de acusar se deja finalmente al fiscal general. Sobre obstrucción, el Sr. Barr y el Fiscal General Adjunto Rod Rosenstein (quien fue confirmado 94 a 6) determinaron que no había evidencia suficiente para proceder con cargos de obstrucción.

Los demócratas parecen estar confundiendo deliberadamente a un fiscal independiente con un fiscal especial.

"Los demócratas parecen estar confundiendo deliberadamente a un fiscal independiente con un fiscal especial".

Un fiscal independiente es verdaderamente independiente. Un fiscal especial actúa casi como lo haría un fiscal estadounidense, dentro de la línea de mando del Departamento de Justicia.

El Sr. Mueller no tenía la responsabilidad de exonerar a nadie. Tenía la responsabilidad de reunir evidencia y alistar un gran jurado para buscar imputaciones.

Completó su investigación, la que los demócratas habían afirmado falsamente que el presidente Trump no permitiría.

La Casa Blanca no ha hecho ninguna declaración de privilegio ejecutivo, no ha participado en redacciones y cooperó plenamente con el fiscal especial en lo que se refiere a testigos y expedientes.

Los demócratas no pueden aceptar el resultado de la investigación, luego ahora están atacando al fiscal general.

El nuevo criterio es ver si el Sr. Barr estará involucrado en las remisiones criminales que el Sr. Mueller ha hecho.

Sí, él supervisará al Departamento de Justicia, ya que es fiscal general.

Aquí no hay humo. No hay noticia.

Los demócratas pusieron su fe en Robert Mueller. No para encontrar la verdad, sino para tumbar al presidente Trump.

La evidencia no lo llevó a hacer eso.

Este resultado no es uno que los demócratas puedan aceptar. Continúan luchando en una batalla perdida.

"...el Sr. Barr actuó de manera completamente apropiada".

Fuente: The Washington Times
https://www.washingtontimes.com/news/2019/may/1/william-barr-destroys-democrats-with-inconvenient-/

15

GARY ABERNATHY
24 de junio, 2019

La república está bien bajo Trump. Pero el periodismo está en grandes aprietos.

H ILLSBORO, Ohio — Ansioso por ver el mitin de inicio de campaña del presidente Trump la semana pasada, sintonicé primero Fox News. Después de cerca de media hora, decidí cambiar a MSNBC, luego a CNN. Me decepcionó descubrir que ninguna de las dos transmitía el evento.

Aclaremos esto. ¿El presidente en ejercicio estaba anunciando formalmente su campaña de reelección frente a 20,000 personas, y ni MSNBC ni CNN lo consideraron de interés noticioso suficiente como para interrumpir su programación nocturna típica? Los espectadores inclinaron la balanza, con aproximadamente 5 millones viendo la cobertura de los comentarios de Trump en Fox News, logrando la tercera calificación más alta del año en el horario estelar del canal y dejando a sus dos rivales en el piso.

"...un evento de lanzamiento formal por parte de un presidente que busca la reelección es noticia de acuerdo con cualquier estándar..."

Bueno, fue solo otro mitin de Trump, dijeron los críticos. Tal vez sea así. Pero lo mismo se puede decir de casi cualquier mitin de lanzamiento de candidatos que escasamente vuelven a reempaquetar el discurso electoral que han estado pronunciando durante semanas o meses. Sí, Trump se inscribió para la reelección justo después de su toma de posesión. Pero un evento de lanzamiento formal por parte de un presidente que busca la reelección es noticia de acuerdo con cualquier estándar, ya sea que a las redacciones les guste o no lo que diga.

Leí más tarde que CNN transmitió unos pocos minutos de la manifestación del presidente antes de abandonarla luego de que la multitud irrumpiera en el típico canto de "CNN apesta". Si esto fue realmente causa y efecto, es otro ejemplo de un panorama mediático sorprendentemente susceptible. El mantra de Trump de las "noticias falsas" ['fake news', en inglés] y sus frecuentes ataques a los medios de comunicación deberían tratarse con desdén como a un molesto mosquito. En cambio, demasiadas personas en el negocio de las noticias reaccionan con venas a punto de estallar y con lecciones defensivas, lo que es exactamente la respuesta que Trump quiere.

Como ciudadano, quería que Trump rompiera a Washington. Como editor de periódicos de tiempo atrás, no quería que él rompiera al periodismo. Pero mientras que la primera ha demostrado ser tercamente resiliente, este último se ha desmoronado como papel de periódico viejo. Después de la victoria de Trump, se argumentó por todo lo alto que se necesitaban nuevos estándares de reportaje para cubrir a este presidente, una visión que ha servido para socavar gravemente la práctica del periodismo tradicional y efectivo.

Las reclamaciones de Trump de las noticias falsas son incorrectas. Las noticias son lo suficientemente verídicas. Lo que no es auténtico es un nuevo estilo de periodismo empleado para reportarlas, incluyendo a los periodistas que se inyectan a sí mismos en sus historias para llamar mentiroso al presidente, en lugar de citar otras fuentes o referirse a terceros, que hayan verificado los hechos, para refutar una declaración. Aún cuando tengan razón, el resultado ha sido predecible —una percepción generalizada de que los medios de comunicación se la tienen jurada al presidente.

Si bien los Grandes Medios se habían inclinado a la izquierda durante décadas, todavía practicaban una forma básica de periodismo que exigía al menos un guiño de equidad, equilibrio e, igualmente importante, desapego. Los periódicos que yo edité eran de la variedad de los de pueblo pequeño, y estoy orgulloso de ello. En líneas generales, los editores y reporteros de pequeños pueblos aún aplican los estándares tradicionales del periodismo, y la confianza de los lectores sigue siendo la más alta en periódicos como esos.

"...CNN transmitió unos pocos minutos de la manifestación del presidente antes de abandonarla luego de que la multitud irrumpiera en el típico canto de 'CNN apesta'..."

El domingo, vi la entrevista del presidente con el presentador de "Meet the Press", Chuck Todd, quien, con su colección teatral de miradas, sonrisas y sacudidas de cabeza, difícilmente se modela a sí mismo siguiendo a su predecesor más famoso, el difunto Tim Russert, quien era el estándar de oro en cuestionadores duros pero justos. Al discutir informes de serios problemas en los centros de detención para inmigrantes ilegales, Todd le imploró al presidente: "Haga algo. Haga algo." Gran abogacía, mal periodismo.

No son sólo los medios de comunicación los que han permitido que su furia contra Trump produzca heridas autoinfligidas. La comedia nocturna ha sufrido la misma suerte. Un artículo perspicaz este mes de Joanna Weiss en la revista Politico detalla cómo los presentadores de programas de entrevistas han cambiado la inteligencia y el ingenio por la indignación y la ira. Como concluyó Weiss, es difícil notar la diferencia en estos días entre los comediantes nocturnos y Rachel Maddow o Sean Hannity.

Cuando sus enemigos en los medios están siendo amables y no comparan a Trump con Hitler, lo comparan con el presidente Richard M. Nixon. Nixon fue tumbado en parte por reportajes históricamente excelentes de hechos irrefutables que incluso la base leal de Nixon no pudo ignorar o defender. ¿Por qué? El mensajero era de confianza. Hay ironía en el hecho de que los nuevos estándares de periodismo están teniendo el efecto contrario a lo buscado, sirviendo para apoyar a Trump con su base en lugar de destruirlo. Es fácil para los leales a Trump ignorar las acusaciones de un enemigo declarado que siempre está al ataque, en lugar de un observador independiente con una reputación de reportar favorablemente cuando las circunstancias justifican dicha cobertura y comentario.

Al contrario de la histeria partidista, la república está en buena forma bajo Trump. Pero el periodismo está en grandes aprietos, principalmente porque muchos de sus principales practicantes se han rebajado a involucrarse en una guerra mezquina y personal contra el presidente, mientras instalan nuevas reglas de reportaje que militarizan sus legendarias plumas mucho más que espadas alegóricas. Volver a los días de gloria de los reportajes imparciales y desapasionados depende del reconocimiento de que las viejas

"Hay ironía en el hecho de que los nuevos estándares de periodismo están teniendo el efecto contrario a lo buscado, sirviendo para apoyar a Trump con su base en lugar de destruirlo".

reglas aún funcionan mejor —para no mencionar una mayor insensibilidad a las críticas.

El buen periodismo está respirando con dificultad. Haga algo.

"Es fácil para los leales a Trump ignorar las acusaciones de un enemigo declarado que siempre está al ataque, en lugar de un observador independiente con una reputación de reportar favorablemente cuando las circunstancias justifican dicha cobertura y comentario".

Fuente: The Washington Post
https://www.washingtonpost.com/opinions/2019/06/24/good-journalism-is-gasping-air/

16

MARC A. THIESSEN
22 de agosto, 2019

La idea de Trump de comprar Groenlandia no es nada absurda

"...Groenlandia tiene enormes reservas inexploradas de recursos naturales, incluyendo zinc, plomo, oro, mineral de hierro, diamantes, cobre y uranio, que Dinamarca no ha podido o no ha querido explotar".

El presidente Trump está molesto de que la primera ministra danesa, Mette Frederiksen, hubiera calificado su interés en comprar Groenlandia como "absurdo". Su respuesta despectiva no debería haber caído de sorpresa. En 1946, cuando el presidente Harry S. Truman intentó comprar Groenlandia, el secretario de estado James Byrnes escribió que la propuesta "pareció ser inesperada" y un insulto a los funcionarios daneses, quienes la rechazaron.

Eso fue un gran error. Como parte de su trato, Truman había ofrecido intercambiar partes del distrito Point Barrow de Alaska, incluidos los derechos de cualquier petróleo descubierto allí, con Dinamarca, a cambio de partes de Groenlandia. Los daneses rechazaron la idea tal como lo hicieron con la propuesta de Trump. En 1967, el descubrimiento petrolero más grande en la historia de los Estados Unidos se realizó en el área de Point Barrow. ¡Mala jugada, Dinamarca! ¡Triste!

Con ese error en el espejo retrovisor, uno pensaría que los líderes daneses al menos escucharían a Trump. La idea del presidente de comprar Groenlandia no es nada absurda. Hoy en día tenemos una base militar en Groenlandia, luego no hay necesidad de comprarla para ese propósito. Pero Groenlandia tiene enormes reservas inexploradas de recursos naturales, incluyendo zinc, plomo, oro, mineral de hierro, diamantes, cobre y uranio, que Dinamarca no ha podido o no ha querido explotar.

También tiene reservas grandes e inexplotadas de elementos de tierras raras, como el praseodimio o el disprosio, que son fundamentales para la producción de muchas cosas, desde automóviles eléctricos hasta teléfonos inteligentes y láseres. Hoy, Estados Unidos obtiene muchos de estos elementos de tierras raras de China, lo que hace que los americanos sean dependientes de Beijing. El Wall Street Journal informa que Beijing podría cortar el acceso a esos minerales en su disputa comercial con Washington, y que China también estaría tratando de acaparar el mercado de elementos de tierras raras en Groenlandia. Comprar a Groenlandia pondría esos minerales estratégicamente valiosos en manos de los Estados Unidos.

Pero lo que hace que Groenlandia sea particularmente valiosa para Estados Unidos es el calentamiento global. El inevitable retroceso del hielo marino del Ártico abrirá una nueva ruta marítima en el Ártico que podrá ser utilizada tanto para buques comerciales como militares. En mayo, el secretario de estado Mike Pompeo pronunció un discurso en la Reunión Ministerial del Consejo del Ártico en Finlandia en la que señaló que "las reducciones constantes en el hielo marino están abriendo nuevos corredores y nuevas oportunidades para el comercio". Esto podría reducir potencialmente el tiempo que toma viajar entre Asia y Occidente hasta en 20 días". Añadió que las nacientes "rutas marítimas árticas podrían convertirse en los canales de Suez y Panamá del siglo XXI".

"...las nacientes "rutas marítimas árticas podrían convertirse en los canales de Suez y Panamá del siglo XXI""".

Él tiene razón. Un informe reciente en el New York Times señala que a medida que el hielo marino se derrite y "las rutas árticas se vuelven más directas, los tiempos de viaje pueden reducirse a menos de tres semanas en algunos casos, haciendo que en las próximas décadas el envío por el Ártico sea potencialmente más atractivo que por las rutas del sur".

Estados Unidos y sus aliados tienen un gran interés en no permitir que estas rutas marítimas del Ártico caigan bajo control ruso o chino. "¿Queremos que el Océano Ártico se transforme en un Nuevo Mar del Sur de China, cargado de militarización y reclamos territoriales enfrentados?", Preguntó Pompeo en Finlandia. Comprar a Groenlandia ayudaría a los Estados Unidos a asegurar mejor estos corredores estratégicos nacientes.

"...en lugar de ofenderse, Copenhague debería considerar la oferta de Trump".

En 1946, el Estado Mayor Conjunto le dijo a Truman que Groenlandia no tenía "ningún valor para Dinamarca". Hoy en día, Dinamarca puede no pensar lo mismo. Pero en lugar de ofenderse, Copenhague debería considerar la oferta de Trump. Después de todo, no sería la primera vez que Dinamarca vendiera a los Estados Unidos una de sus posesiones en el extranjero. En 1916, vendió las Indias Occidentales Danesas (ahora Islas Vírgenes de los Estados Unidos) al presidente Woodrow Wilson. Luego, desde hace mucho tiempo hemos establecido que partes de Dinamarca están a la venta; no hay ningún daño en regatear sobre el precio.

De hecho, una compra de Groenlandia estaría en consonancia con una larga historia de adquisiciones presidenciales de tierras. En 1803, Thomas Jefferson le compró el territorio de Luisiana a Francia. En 1819, el presidente James Monroe le compró Florida a España. En 1854, el presidente Franklin Pierce, en la Compra de Gadsden, le compró parte de Nuevo Méjico y Arizona a Méjico. En 1867, el presidente Andrew Johnson le compró Alaska a Rusia. En 1898, el presidente William McKinley le compró las Filipinas a España. Y en 1903, el presidente Theodore Roosevelt les alquiló la Zona del Canal de Panamá a Panamá y la Bahía de Guantánamo a Cuba. Si Dinamarca no quiere vender a Groenlandia, ¡tal vez podamos alquilarla!

El lunes, Trump tuiteó una imagen de un reluciente rascacielos de Trump en medio de pequeñas chozas en la costa de Groenlandia y declaró: "¡Prometo no hacerle esto a Groenlandia!" Pero la idea de comprar Groenlandia no es una broma. En realidad tiene mucho sentido estratégico y económico.

Fuente: The Washington Post
https://www.washingtonpost.com/opinions/2019/08/22/trumps-idea-buying-greenland-is-far-absurd/

17

HENRY OLSEN
17 de septiembre, 2019

El esfuerzo de Trump para cortejar a los votantes hispanos no es tan loco como suena

La afirmación del presidente Trump durante una manifestación en Nuevo México, el lunes, de que podría ganar el estado con base en votos hispanos causó mucho revuelo entre los comentaristas de Washington. Tal vez tengan razón sobre Nuevo México, pero Trump tiene una mayor probabilidad de aumentar el apoyo hispano que lo que piensan los comentaristas.

La opinión generalizada sostiene que la retórica del pasado de Trump sobre los hispanos y sus políticas de inmigración han puesto a este grupo en su contra. Esa no es una visión sorprendente dados los muchos comentarios, ampliamente reportados, de Trump sobre los hispanos durante la campaña de 2016 y el enfoque que Trump ha puesto en su presidencia a construir el muro fronterizo y a reducir el aumento de refugiados de los países hispanos de Centroamérica que buscan asilo. Los datos, sin embargo, sugieren que esta opinión es exagerada.

"...Trump tiene una mayor probabilidad de aumentar el apoyo hispano que lo que piensan los comentaristas".

El apoyo hispano a Trump en 2016 estuvo de acuerdo con el recibido por otros nominados republicanos recientes. Las encuestas de salida mostraron que Trump recibió el 28 por ciento del voto hispano, un número confirmado por análisis posteriores del Centro de Investigación Pew. Esto fue un punto más arriba de lo que Mitt Romney recibió en 2012 y solo tres puntos menos de lo que obtuvo John McCain en 2008. Eso no es lo que uno esperaría dada la opinión generalizada.

Los votantes hispanos también echaron por tierra la opinión convencional en 2018. A pesar de la implacable cobertura de los medios de comunicación sobre las políticas de inmigración de Trump y su propio enfoque en "la caravana" que se dirigía sinuosamente hacia la frontera de los Estados Unidos justo antes del Día de Elecciones, los hispanos dieron a los candidatos republicanos a la Cámara el 29 por ciento del voto. Es correcto: los republicanos obtuvieron una proporción ligeramente mayor del voto hispano en 2018 que la de Trump en 2016. Esto en contraste con el voto blanco, que se movió decisivamente en contra de los republicanos.

Estos resultados son corroborados por datos sobre cambios en afiliación partidista bajo Trump. El proyecto 'Tendencias Hispanas' del Centro de Investigación Pew encuestó a los hispanos en 2018 y preguntó con qué partido político se identificaban. La porción de quienes son republicanos aumentó en tres puntos porcentuales entre 2016 y 2018, aunque de un bajo 24 por ciento a un 27 por ciento aún bajo. La porción de quienes son demócratas disminuyó, del 64 al 62 por ciento. Esto tampoco es consistente con la narrativa que escuchamos regularmente.

El índice actual de aprobación en el puesto de Trump entre los hispanos sugiere que hay más espacio para que él crezca. Tres encuestas recientes revelan sus puntajes entre los hispanos, y van desde un mínimo del 29 por ciento en una encuesta hasta un 37 por ciento en las otras dos. Los presidentes tienden a obtener aproximadamente la misma porción del voto popular que su más reciente calificación de aprobación en el puesto, por lo que esto indica que Trump podría sobrepasar el 30 por ciento del voto hispano si las elecciones se celebraran hoy. Bastante bien para un hombre que ha sido agraviado universalmente como racista antihispano.

La historia también está del lado de Trump. Los presidentes Ronald Reagan y George W. Bush recibieron aumentos significativos en sus totales de votos hispanos en sus campañas de reelección. Aunque seguramente fueron ayudados porque eran exgobernadores de estados con grandes poblaciones hispanas, ambos tomaron

"...los hispanos dieron a los candidatos republicanos a la Cámara el 29 por ciento del voto. Es correcto: los republicanos obtuvieron una proporción ligeramente mayor del voto hispano en 2018 que la de Trump en 2016".

también posiciones duras en política exterior y presidieron economías en crecimiento. No es difícil ver cómo Trump es similar en estos aspectos a sus predecesores republicanos.

Aumentar la participación de Trump en el voto hispano al 31 por ciento del 28 por ciento no parece mucho, pero incluso ese ligero repunte podría ser suficiente para avivar su reelección. Los hispanos son un componente importante del electorado en los estados claves de Florida, Arizona y Nevada. Aumentar su participación del voto hispano en simplemente tres puntos porcentuales en cada estado, mueve el margen en aproximadamente un punto a su favor. Auméntelo 5 puntos, y Florida se vuelve seguro para Trump, Arizona se vuelve difícil de ganar para los demócratas y Nevada se convierte en un empate. Trump aún perdería a los hispanos por grandes márgenes, pero la ligera reducción en el grado de esa pérdida produciría enormes dividendos.

Trump no va a ganar Nuevo México. Pero puede ganar más votos hispanos que en 2016. Si su nuevo esfuerzo es exitoso, podría ayudarle apenas lo suficiente como para ponerlo al frente.

"El índice actual de aprobación en el puesto de Trump entre los hispanos sugiere que hay más espacio para que él crezca".

Fuente: The Washington Post
https://www.washingtonpost.com/opinions/2019/09/17/trumps-effort-court-hispanic-voters-isnt-crazy-it-sounds/

18

HUGH HEWITT
30 de septiembre, 2019

Si quiere la verdad sobre la impugnación política, manténgase alejado de los extremos

Si usted es miembro de #LaResistencia o de #NuncaPorTrump, es dudoso que se permita ver el enorme problema que hay con el deseo de realizar sesiones de espectáculo en la Cámara y de tener una votación sobre artículos de impugnación.

Si usted es un #SiemprePorTrump, no estará en condiciones de persuadir a nadie del hecho de que una Cámara fuera de carriles está abusando de las disposiciones de impugnación política con fines puramente partidistas. Esos propósitos podrían incluir lanzar este ataque preventivo como una forma de distraer la atención pública sobre un informe, que se espera pronto, del Inspector General del Departamento de Justicia Michael Horowitz concerniente a las acusaciones de mala conducta en la investigación de la interferencia de Rusia en la campaña de 2016. El informe bien podría haber encontrado que el FBI abusó de sus poderes al realizar operaciones de contrainteligencia contra ciudadanos estadounidenses y al hacer añicos la norma de las agencias de seguridad de mantenerse bien lejos de elegir bandos durante una campaña política.

Pero si usted es un conservador defensor del principio de la ley, especialmente uno con gran fe en la durabilidad de la Constitución, habrá defendido firmemente el nombramiento de Robert S. Mueller III como fiscal especial para investigar la intromisión de Rusia en las elecciones, de conformidad con las regulaciones

"...una Cámara fuera de carriles está abusando de las disposiciones de impugnación política con fines puramente partidistas".

del Departamento de Justicia. Es posible que se haya sorprendido por los efectos extraños y distorsionantes que el partidismo claramente tuvo en el equipo del fiscal especial, pero todavía será un institucionalista, confiado aún en el estado de derecho.

Ahora vienen dos eventos. El primero es la publicación del libro de la periodista del Wall Street Journal Kimberley A. Strassel, nuevo y completamente persuasivo, 'Resistencia (A Toda Costa): Cómo los que Odian a Trump están Destruyendo a América'. El segundo es la prisa por convertir una llamada telefónica insignificante entre el presidente Trump y el presidente ucraniano, Volodymyr Zelensky, en un delito impugnable. Lea el borrador de la transcripción. La histeria es risible.

Como escribe Strassel, el estado de derecho ha sido socavado en los últimos años por altos funcionarios, profundamente deshonestos, de las comunidades de inteligencia y de organismos de seguridad, conjuntamente con aliados en la Casa Blanca de Obama durante el período comprendido entre 2015 y 2017. La interminable investigación de Mueller aumento la miasma de narraciones falsas sobre el presidente. Ahora añada a esa mezcla, tanto el partidismo manifiesto de la presidenta de la Cámara Nancy Pelosi (D-Calif.) y del presidente del Comité de Inteligencia de la Cámara, Adam B. Schiff (D-Calif.), como el dominio de la cobertura de noticias por los liberales de los medios elitistas y sus aliados de conveniencia #NuncaPorTrump (pretendiendo un conservadurismo que existe independientemente de normas constitucionales de larga data), y cualquier observador político imparcial y proponente del orden constitucional debería estar en máxima alerta.

La mayoría de nosotros en el grupo de "AlgunasVecesPorTrump" tenemos largos historiales de criticar al presidente por un sinfín de temas, más recientemente la incapacidad de responder, en dos ocasiones, a la agresión de Irán con ataques militares que hubieran restaurado una política de disuasión. Nuestras críticas más frecuentes apuntan a la forma en que Trump pelea sin reticencia. No creemos que los medios sean "el enemigo del pueblo". No creemos que "delatores" sospechosos o incluso extremistas partidistas sean culpables de traición. Rechazamos la mayoría de los aranceles del presidente que no sean para China, y desearíamos que su crítica

"...el estado de derecho ha sido socavado en los últimos años por altos funcionarios, profundamente deshonestos, de las comunidades de inteligencia y de organismos de seguridad, conjuntamente con aliados en la Casa Blanca de Obama durante el período comprendido entre 2015 y 2017".

a los aliados de la OTAN se compensara con aplausos por lo que han hecho bien. Preferiríamos una línea retórica mucho menos controvertida y mucho más optimista por parte del presidente, como en los discursos que pronunció en Arabia Saudita, Polonia y en Francia en el septuagésimo quinto aniversario de los desembarcos en Normandía.

Pero también sabemos que Trump ha puesto en el estrado federal cantidades de originalistas que van a defender la Constitución. Sabemos que ha vertido dinero sobre un ejército estadounidense empobrecido. Sabemos que su retórica de "América Primero", lejos de ser excluyente, es confiable, con propósito y apropiada. Creemos que las elecciones de 2020 serán acerca de decisiones políticas y temperamento, y serán otra selección claramente binaria.

Quienes hemos tratado de observar, escribir y comentar desde la tierra de nadie de la furiosa batalla política, no podemos dejar de percibir un siniestro giro a medida que la Cámara se ha acercado a la puesta en escena de una farsa de juicio político. La sensación de un intento ilegítimo de golpe de estado disfrazado de constitucionalidad marca este último giro como nunca lo hizo la investigación del fiscal especial.

El domingo, en el programa "Meet the Press" de NBC, la historiadora Doris Kearns Goodwin señaló que la Cámara será juzgada por cómo se comporte. Poco después, yo remarqué que Schiff ya había reprobado esa prueba, transformándose por completo en la Reina de Corazones de "Alicia en el País de las Maravillas", quien no necesitaba ningún tipo de debido proceso antes de querer que rodaran cabezas.

Los observadores imparciales mirarán hacia atrás a los últimos tres años y pico y concluirán no que existe un, así llamado, 'Estado dentro del Estado' —no existe— sino que hay muchas personas deshonestas que intentan desesperadamente maniobrar una salida de la enorme esquina legal y ética en la que se han encerrado. No confíe en los críticos del 'siempre-odie-a-Trump'. No confíe en los críticos del 'Trump-no-hace-nada-malo'. Confíe en las personas que están haciendo el arduo trabajo de armar el rompecabezas de

"...sabemos que Trump ha puesto en el estrado federal cantidades de originalistas que van a defender la Constitución. Sabemos que ha vertido dinero sobre un ejército estadounidense empobrecido".

los últimos tres años, al mismo tiempo que vigilan fríamente y con precisión la conducta del presidente.

No hay muchos en esa categoría. Sígalos de cerca.

"Sabemos que su retórica de "América Primero", lejos de ser excluyente, es confiable, con propósito y apropiada".

Fuente: The Washington Post
https://www.washingtonpost.com/opinions/if-you-want-the-truth-on-impeachment-stay-away-from-the-fringes/2019/09/30/af0831a2-e3b9-11e9-a6e8-8759c5c7f608_story.html

19

HENRY OLSEN
30 de septiembre, 2019

La estrategia anti-acusación de Trump se está materializando —y podría funcionar

"Trump también se está enfocando en sus partidarios menos devotos con un enfoque más populista, argumentando en Twitter el sábado que sus oponentes "están tratando de detenerme, porque estoy luchando por ustedes"".

La estrategia del presidente Trump para defenderse de la acusación ante la Cámara está saliendo a la luz rápidamente. Parece ser exactamente como las que nos hemos acostumbrado a esperar de él — pugnaz y partidista — y podría funcionar.

El enfoque que está emergiendo tiene tres puyas. Puya uno: Atacar la conexión de Joe Biden con su hijo Hunter Biden y con los negocios de Hunter Biden en Ucrania y China. Puya dos: Reunir a los republicanos en torno al fantasma de que los demócratas están tratando de recuperar injustamente lo que perdieron en las elecciones. Puya tres: Congregar partidarios no republicanos recordándoles el presunto populismo de Trump.

Los ataques a Biden sirven dos propósitos. El primero es obvio: empujar una trama que compita con la acusación. Los demócratas desestimarán esto, pero la trama resonará entre los republicanos que ya están predispuestos a creer que la otra parte está en algo turbio. Los medios conservadores ya están circulando un reciente artículo de opinión del columnista conservador John Solomon en The Hill, en el que sostiene que hay más en el reportaje de Biden-Ucrania de lo que se cree actualmente. Si se descubre algo nuevo, entonces aumentará la presión sobre el Senado liderado por los republicanos para investigar a Hunter Biden, distrayendo de la narrativa del juicio político de los demócratas.

Atacar a los demócratas como malos perdedores también resonará. La campaña de reelección de Trump anunció la semana pasada que gastaría $ 10 millones en un anuncio que afirma que los demócratas están tratando de robarse las elecciones de 2020 a través de la acusación. Las personas de la "resistencia" sostienen que simplemente están trabajando para remover a alguien que ellos creen que es corrupto e incompetente, pero los tradicionalistas republicanos creen que esa gente simplemente quiere deshacer las últimas elecciones. Este mensaje resonará con la base y, de no haber más hechos perjudiciales, probablemente mantendrá a la mayoría de los votantes republicanos detrás de su hombre.

Trump también se está enfocando en sus partidarios menos devotos con un enfoque más populista, argumentando en Twitter el sábado que sus oponentes "están tratando de detenerme, porque estoy luchando por ustedes". Al decir esto, Trump está apelando a las personas que cruzaron las líneas de partido para votar por alguien que creían que les cuidaba sus espaldas. Un vídeo que promueve esa línea ya ha sido visto más de 7 millones de veces. Los oponentes de Trump mirarán para otro lado, pero es probable que este argumento resuene entre personas que ya se encuentran felizmente en el tren de Trump.

Esta estrategia está bien diseñada para detener la hemorragia de apoyo público. Mientras los votantes de Trump permanezcan leales, los republicanos en la Cámara y en el Senado probablemente mantendrán la línea de partido sin importar lo que personalmente crean. Una vez que esa base esté asegurada, Trump puede comenzar a dejar de girar en torno a cualquier nueva revelación sobre Biden o sobre los esfuerzos demócratas para abrir huecos en su trama y emprender el ataque contra ellos.

La decisión demócrata de llevar a cabo gran parte de su investigación a puerta cerrada podría darle a Trump mucho más espacio para impulsar su narrativa. Es difícil mantener la cobertura de la prensa sin tener nuevos datos para impulsarla. Pero el presidente del Comité de Inteligencia de la Cámara de Representantes, Adam Schiff (demócrata por California), ha decidido obtener

"Mientras los votantes de Trump permanezcan leales, los republicanos en la Cámara y en el Senado probablemente mantendrán la línea de partido sin importar lo que personalmente crean".

declaraciones de los testigos claves en lugar de presionarlos para que testifiquen en público. Esto significa que a menos que esas declaraciones se filtren, no habrá muchas noticias originadas en las fuerzas pro juicio político. El presidente, por otro lado, está tuiteando diariamente y probablemente tratará de dominar el ciclo de noticias con pronunciamientos regulares contra el juicio político. La persona promedio no obsesionada con las noticias probablemente escuchará más el lado de Trump de la noticia esta semana que la última, lo que podría comenzar a revertir el sentimiento público.

"Trump es muchas cosas, pero no es de los que se rinden".

Esa batalla por el sentimiento público es la más importante para vigilar en los meses venideros. Nadie espera razonablemente que 20 republicanos en el Senado se unan a los 47 demócratas para destituir a Trump de su cargo. En cambio, esta es una lucha para dar forma a los contornos de las elecciones de 2020. Si los demócratas tienen éxito, habrán enlodado tanto a Trump que habrán asegurado el voto del 52 por ciento de los americanos que han dicho constantemente que desaprueban de su mandato en el cargo. Si tropiezan o si Trump exitosamente caracteriza sus esfuerzos como un empuje partidista por el poder, entonces algunos en esa coalición anti-Trump podrían repensar su postura. No se necesitará mucho movimiento para darle a Trump una mayoría en el colegio electoral, incluso aún si pierde el voto popular.

Trump es muchas cosas, pero no es de los que se rinden. Luchará con sus características fanfarronería, bravuconería y ferocidad. Los demócratas que piensan que finalmente lo tienen contra las cuerdas todavía pueden descubrir que él simplemente encontrará a golpes y palos la salida de su trampa, viviendo para pelear otro asalto más en este interminable combate enjaulado hasta la muerte política.

Fuente: The Washington Post
https://www.washingtonpost.com/opinions/2019/09/30/trumps-anti-impeachment-strategy-is-materializing-it-could-work/

20

FAREED ZAKARIA
31 de octubre, 2019

La muerte de Baghdadi podría significar más retirada americana del Medio Oriente. Esas son malas noticias

La muerte de Abu Bakr al-Baghdadi es una verdadera victoria en la guerra contra los grupos terroristas. El Estado Islámico es una de las organizaciones más crueles y peligrosas que hayan deambulado por el planeta en mucho tiempo, y la muerte de su líder lo perjudica gravemente. Pero como lo han demostrado las recientes protestas desde Irak hasta el Líbano, el Medio Oriente sigue siendo una región afligida. Y si la muerte de Baghdadi produce una mayor desvinculación de los Estados Unidos en el Medio Oriente, entonces las cosas podrían caer en picada aún más rápido.

"El Estado Islámico es una de las organizaciones más crueles y peligrosas que hayan deambulado por el planeta en mucho tiempo..."

Después de los ataques terroristas del 11 de septiembre, el mundo de repente enfocó su mirada en el Medio Oriente y reconoció un hecho trascendental: la región era casi única en no haber logrado progreso político, económico o social significativo en décadas. A través del mundo, el comunismo se había derrumbado, las juntas habían desaparecido y el crecimiento económico había transformado a los países en desarrollo. Pero en el Medio Oriente, el tiempo se había detenido e incluso retrocedido en algunas medida. Este estancamiento, muchos creían, era la atmósfera en la que el extremismo islámico y el terrorismo habían podido crecer y extenderse.

En 2002, Naciones Unidas publicó un informe sobre el desarrollo árabe, escrito e investigado por expertos árabes, que puso al descubierto los profundos desafíos de la región. Identificó tres déficits que debían superarse para incorporar la región al mundo moderno: déficits de libertad, empoderamiento femenino y conocimiento. Hablaba más ampliamente de la falta de oportunidad económica, derechos políticos y progreso social en gran parte del mundo árabe. Gobiernos alrededor del mundo resolvieron que estos eran los temas cruciales para abordar en el Medio Oriente.

En los años siguientes, se lograron avances en varias áreas, como en la esperanza de vida al nacer, la alfabetización y el estatus de la mujer. Pero, como señala el Informe de Desarrollo Humano Árabe más reciente de la ONU, "Desde 2010, casi todos los países árabes han desacelerado o revertido sus avances promedio anuales de desarrollo humano". Esto a pesar del hecho de que la Primavera Árabe de 2011 parecía resaltar la necesidad de mayores reformas.

¿Por qué? En parte porque la Primavera Árabe fue en gran medida un fracaso. Sólo Túnez hizo la transición a un gobierno democrático. Egipto vio el regreso del gobierno represivo; Siria experimentó una guerra civil y el sangriento resurgimiento del régimen de Assad; y Yemen y Libia están en caída libre. Pero incluso más allá de estos colapsos, la región sigue enfrentando abrumadores desafíos. Los datos demográficos siguen siendo desalentadores. El Medio Oriente tiene la tasa de desempleo juvenil más alta del mundo. El modelo económico sigue siendo altamente ineficiente, costoso e insostenible, con gobiernos empleando a un gran número de personas y otorgando subsidios masivos para alimentos y energía.

Los esfuerzos de reforma han tenido resultados mixtos. En Egipto y Arabia Saudita, ha habido cierto éxito. Pero es difícil para países tan dependientes del gasto estatal darle un empujón al sector privado, particularmente cuando sus economías se tambalean por los bajos precios del petróleo. En Egipto, el gobierno emplea alrededor del 20 por ciento de la fuerza laboral. En Argelia, es casi el 40 por ciento; en Arabia Saudita, más del 65 por ciento. En casos en los que el estado ha intentado dar marcha atrás, el sector privado ha tenido dificultad para llenar el vacío. Muchos países

"...como señala el Informe de Desarrollo Humano Árabe más reciente de la ONU, "Desde 2010, casi todos los países árabes han desacelerado o revertido sus avances promedio anuales de desarrollo humano"".

han intentado recortar los subsidios, provocando protestas que a menudo se han enfrentado con represión.

La esperanza detrás del informe de 2002 de la ONU era que las reformas económicas y sociales serían más fáciles si estos países se abrían políticamente. La apertura política produciría líderes elegidos y populares que le restarían apoyo a los extremistas islámicos. Esta era la atractiva idea detrás de la agenda de libertad del presidente George W. Bush, que estaba basada en una consideración seria sobre la región. Pero poco de ella funcionó. Las aperturas políticas condujeron principalmente a insurgencias, violencia sectaria, guerras civiles y represiones. Lugares como el Líbano y Jordania que han mantenido su unidad y estabilidad siguen siendo frágiles, y muy pocas reformas se han dado.

Quizás el resultado más importante del perdurable caos del mundo árabe ha sido la retirada de los Estados Unidos de la región. Comenzando durante el segundo mandato de la administración de George W. Bush, a lo largo de la presidencia de Barack Obama y ahora en la de Donald Trump, Estados Unidos se ha hartado del Medio Oriente. Ahora parece contento de deshacerse de responsabilidad por esta parte del mundo desordenada e inestable. Cuando Trump dice que quiere poner fin a las guerras eternas, gran parte del público está de acuerdo.

Vemos, entonces, un Medio Oriente post americano emergente, con varias potencias regionales compitiendo por influencia, principalmente Arabia Saudita e Irán, junto con otras como Turquía e Israel, empujando sus propios intereses. Estas son aguas inexploradas en un momento de gran agitación: Siria ha producido más de 5 millones de refugiados y Yemen enfrenta la peor crisis humanitaria del mundo. El Estado Islámico ha sido decapitado y está disperso por ahora, pero los demonios que han alimentado tal terror —estancamiento, represión, desesperación— continúan atormentando al mundo árabe de hoy.

"Cuando Trump dice que quiere poner fin a las guerras eternas, gran parte del público está de acuerdo".

> Fuente: The Washington Post
> https://www.washingtonpost.com/opinions/global-opinions/baghdadis-death-could-mean-more-american-withdrawal-in-the-middle-east-thats-bad-news/2019/10/31/f1a5a348-fc1c-11e9-8190-6be4deb56e01_story.html

21

HENRY OLSEN
20 de diciembre, 2019

Olvídese del juicio político. La aprobación del USMCA es el titular más importante de esta semana.

La acusación política dominó los titulares de esta semana, pero la Cámara también hizo algo que al final demostrará ser más importante: aprobó el Acuerdo Estados Unidos-México-Canadá. El renovado acuerdo comercial que reemplaza al NAFTA [Tratado de Libre Comercio de América del Norte, siglas en inglés] ayudará a revitalizar la manufactura de los EE.UU. y comenzará a garantizar que los beneficios del crecimiento económico sean compartidos por todos.

"...finalmente pudo obtener un mejor tratado para los Estados Unidos de lo que NAFTA había demostrado ser".

Las tácticas del presidente Trump molestaron y enojaron a muchas personas, pero él finalmente pudo obtener un mejor tratado para los Estados Unidos de lo que NAFTA había demostrado ser. Los agricultores tendrán mayor acceso a los mercados canadienses, especialmente para los productos lácteos. Los fabricantes de automóviles tendrán que producir una mayor proporción de piezas dentro de la zona comercial de los tres países para cumplir con el requisito para el estatus de exención de aranceles. Esto significa que los fabricantes de autos coreanos, japoneses y europeos tendrán que construir plantas o incrementar la producción en Norte América en lugar de importar piezas de sus países de origen y simplemente ensamblar el vehículo aquí. Más producción de piezas significa más puestos para la clase trabajadora con remuneraciones más decentes.

Otra estipulación asegura que muchos de esos puestos de trabajo vendrán a los Estados Unidos. Esa estipulación requiere que del 40 al 45 por ciento de todo el contenido del automóvil sea producido por trabajadores que ganen al menos $16 por hora. Esto reduce la principal ventaja competitiva de México frente a las fábricas con sede en los EE.UU., y con el tiempo deberá alentar a los fabricantes de automóviles y de autopartes a invertir en plantas de EE.UU. La oficina del Representante de Comercio de los Estados Unidos estima que el USMCA agregará al menos 76,000 empleos adicionales al sector del automóvil dentro de los próximos cinco años. Es difícil restar importancia a lo importante que esto será para los trabajadores americanos.

El USMCA también es un acuerdo temporal, que permite a las futuras administraciones insistir en cambios adicionales para garantizar que sean respetados los intereses de los EE.UU. El acuerdo completo expira en 16 años, y cada seis años los ministros de comercio de cada país deben reunirse y revisar las operaciones del acuerdo comercial. Esta renegociación constante asegura que ningún país se beneficie indebidamente de una manera que socave los intereses generales de los otros socios.

Los fundamentalistas del libre comercio no estarán contentos con el USMCA. De hecho, el senador Patrick J. Toomey (R-Pa.) ya ha dicho que se opondrá al tratado porque con ello se busca administrar el comercio en ciertas direcciones. Pero es exactamente por ésto por lo que el acuerdo es bueno y necesario. Los acuerdos comerciales previos esencialmente eliminaban a los trabajadores americanos de industrias intensivas en mano de obra para dar mano libre a los gerentes de capital y corporativos para que negociaran con mano de obra extranjera de bajo costo. Esto ha impulsado el crecimiento global agregado pero ha creado una inestabilidad política masiva en los Estados Unidos debido a la gran cantidad de personas y comunidades cuya vida ha sido alterada. Poner fin a esa inestabilidad social y política es el verdadero objetivo del USMCA, y los conservadores deben respaldarlo con entusiasmo.

Esta disputa está en el centro del debate en curso sobre la política económica dentro del movimiento conservador y el partido repu-

"Es difícil restar importancia a lo importante que esto será para los trabajadores americanos".

blicano. Por un lado, tenemos fundamentalistas del libre mercado que en el fondo ven a América únicamente como una colección de consumidores individuales. Su punto de vista esencialmente Benthamita es que la política económica debe buscar proporcionar el mayor beneficio agregado para el mayor número agregado de personas. La otra cara de este argumento superficialmente atractivo es que debemos despreciar en gran medida los efectos que las políticas puedan tener sobre personas tales como productores, padres de familia o miembros de comunidades. Si ayudar a los habitantes de los suburbios, educados en la universidad, a comprar juguetes más baratos para sus hijos significa que trabajadores menos educados en pequeños pueblos industriales vean desaparecer sus trabajos y sus comunidades entren en decadencia, que así sea.

Los conservadores tradicionales tienen una visión diferente. El conservatismo siempre ha valorado la armonía social como un objetivo político legítimo. También valora a las personas por algo más que su papel como consumidores y a menudo busca proteger su capacidad para desempeñar esos otros roles. El USMCA coloca esos valores conservadores en el corazón de la política comercial de los Estados Unidos. Como resultado, puede que aumente el precio que los americanos pagan por los automóviles y trate de dirigir ciertos tipos de trabajos hacia las costas de América. Pero esos esfuerzos están diseñados para rejuvenecer comunidades que han sido devastadas y para restaurar la esperanza de las personas que han perdido la fe en el sueño americano.

El USMCA es, por lo tanto, un acuerdo comercial trascendental, y uno que coloca a esta nación en curso hacia un nuevo pacto social con sus ciudadanos. Su ratificación rápida y bipartidista podría ser el comienzo de un proceso para comenzar a unir de nuevo a los Estados Unidos. Después del rencor de la semana pasada, éso solamente sería un objetivo por el que valdría la pena luchar.

> *"El USMCA es, por lo tanto, un acuerdo comercial trascendental, y uno que coloca a esta nación en curso hacia un nuevo pacto social con sus ciudadanos".*

Fuente: The Washington Post
https://www.washingtonpost.com/opinions/2019/12/20/forget-impeachment-passage-usmca-is-most-important-headline-this-week/

22

MARC A. THIESSEN
26 de diciembre, 2019

Las 10 mejores cosas que Trump ha hecho en 2019

En su tercer año en el cargo, el presidente Trump continuó cumpliendo una lista extraordinaria de logros. Hoy, ofrezco mi lista anual de las diez mejores cosas que Trump hizo este año (mi próxima columna enumerará las diez peores):

10. Continuó cumpliéndoles a los americanos olvidados. El desempleo está en mínimos históricos; este año, la cantidad de ofertas de trabajo superó en número al de trabajadores desempleados necesarios para llenarlas por la diferencia más amplia que haya existido; los salarios están aumentando y los trabajadores de salarios bajos están experimentando los aumentos salariales más rápidos. El 57% de los americanos dicen que están mejor financieramente desde que Trump asumió el cargo.

9. Implementó requisitos de trabajo más estrictos para los cupones de alimentos. Con el desempleo en mínimos históricos, no hay razón para que no haya más personas que obtengan éxito mediante el trabajo productivo. Las reglas se aplican solo a adultos aptos y sin hijos. Cuando exigimos a las personas que trabajen para obtener asistencia pública, no solo les ayudamos a satisfacer sus necesidades materiales, sino que también les ayudamos a alcanzar la dignidad y el orgullo que vienen de ser un miembro contribuyente de nuestra comunidad. El trabajo es una bendición, no un castigo.

"El 57% de los americanos dicen que están mejor financieramente desde que Trump asumió el cargo".

8. Ha logrado que los aliados de la OTAN aporten más dinero para nuestra seguridad colectiva. Los aliados han aumentado el gasto en defensa en $130 mil millones desde 2016. Y la Casa Blanca informa que casi el doble de aliados están cumpliendo hoy su compromiso de gastar el dos por ciento del producto interno bruto en defensa, que antes de la llegada de Trump.

"...casi el doble de aliados están cumpliendo hoy su compromiso de gastar el dos por ciento del producto interno bruto en defensa, que antes de la llegada de Trump".

7. Respaldó a la gente de Hong Kong. Le advirtió a China que no usara la violencia para reprimir las protestas en favor de la democracia y firmó la Ley de Derechos Humanos y Democracia de Hong Kong. La gente de Hong Kong marchó con banderas americanas y cantó nuestro himno nacional en agradecimiento.

6. Su retiro del Tratado de Fuerzas Nucleares de Alcance Intermedio (INF) está creando para China y Corea del Norte un contratiempo estratégico. Estados Unidos está probando ahora nuevos misiles de alcance intermedio previamente prohibidos. Estas armas nos permitirán competir con la inversión masiva de China en estas capacidades, y también proporcionarán un respaldo en el caso probable de que fracasen las negociaciones con Corea del Norte — obviando la necesidad de despliegues temporales de grupos de batalla de portaaviones estadounidenses y permitiéndonos colocar a Corea del Norte permanentemente en nuestro punto de mira —.

5. Su campaña de "máxima presión" está devastando a Irán. La economía de Irán se está contrayendo, la inflación está en espiral y el régimen se ha visto obligado a recortar los fondos para sus agentes terroristas, incluidos Hezbollah y Hamas, las fuerzas militares iraníes y el Cuerpo de la Guardia Revolucionaria Islámica (IRGC en inglés). Y ahora el pueblo iraní está participando en el mayor levantamiento popular desde la revolución de 1979.

4. Sus amenazas arancelarias obligaron a México a tomar medidas contra la inmigración ilegal. México está por primera vez en la historia reciente haciendo cumplir sus propias leyes de inmigración —enviando a miles de fuerzas de la Guardia Nacional a su frontera sur para detener las caravanas de migrantes centroamericanos—. Además, el Congreso está listo para aprobar el acuerdo de libre comercio entre Estados Unidos, México y Canadá, lo que no habría sido posible sin la amenaza de los aranceles.

3. Le dio el mayor golpe a Planned Parenthood en tres décadas.

Gracias a la regla 'Proteja la Vida' de Trump que prohíbe que los fondos de planificación familiar del Título X vayan a clínicas que realice abortos en el lugar — Planned Parenthood anunció este año que abandonará el programa del Título X a menos que obtenga una victoria judicial. Esta es una importante victoria pro-vida y otra razón por la que los conservadores cristianos continúan apoyándolo.

2. Ordenó la operación que mató al líder del Estado Islámico Abu Bakr al-Baghdadi.

Era una misión de alto riesgo que requería que las fuerzas estadounidenses volaran cientos de millas entrando a territorio controlado por terroristas. Si las cosas hubieran salido terriblemente mal, se habría culpado a Trump. Ese riesgo es la razón por la cual el ex vicepresidente Joe Biden le aconsejó al presidente Barack Obama que no llevara a cabo la redada que mató a Osama bin Laden. Trump no dudó de la manera como lo hizo Biden.

1. Ha seguido nombrando jueces conservadores a un ritmo récord.

El Senado confirmó recientemente la selección número 50 de Trump para los tribunales de apelación del circuito federal, que tienen la última palabra sobre unos 60,000 casos al año. En tres años, Trump ha nombrado solo cinco jueces de tribunales de circuito menos que los que nombró Obama en ocho años. Y ha cambiado tres de estos tribunales de mayorías liberales a conservadoras, dando a los conservadores la mayoría en siete de trece.

Hay muchos otros logros importantes que no alcanzaron a ser de los diez mejores. A pesar de un retraso inexcusable de 55 días, le dio a Ucrania la ayuda letal que la administración Obama-Biden se negó a entregar. Aseguró la liberación de más ciudadanos americanos detenidos en el extranjero. Lanzó ataques cibernéticos contra Irán, aprobó una importante venta de armas a Taiwán, impuso restricciones de visa a los funcionarios chinos por la opresión de Beijing a los uigures y se negó a hacer concesiones importantes a Corea del Norte.

"...el ex vicepresidente Joe Biden le aconsejó al presidente Barack Obama que no llevara a cabo la redada que mató a Osama bin Laden. Trump no dudó de la manera como lo hizo Biden".

Entonces, ¿supera lo bueno a lo malo?. En la próxima columna, revisaremos las diez peores cosas que Trump hizo en 2019.

Fuente: The Washington Post
https://www.washingtonpost.com/opinions/2019/12/26/best-things-trump-has-done/

"El Senado confirmó recientemente la selección número 50 de Trump para los tribunales de apelación del circuito federal, que tienen la última palabra sobre unos 60,000 casos al año".

5

23

MARC A. THIESSEN
30 de diciembre, 2019

Las diez peores cosas que Trump hizo en 2019

En mi última columna, ofrecí mi lista de las diez mejores cosas que hizo el presidente Trump en 2019. Aquí están las diez peores:

10. Él ridículamente afirmó: "Nuestro país está LLENO". No estamos llenos ni por asomo. Gracias al éxito económico de Trump, tenemos mucho más de un millón de ofertas de trabajo que trabajadores desempleados para llenarlas. Si Trump quiere mantener esta fuerte economía andando, necesita más trabajadores —y eso significa que necesita más inmigrantes—.

9. Usó tropos antisemitas para atacar a sus enemigos. Trump tenía toda la razón al desafiar a las representantes Ilhan Omar (D-Minn.) Y Rashida Tlaib (D-Mich) por su antisemitismo —incluyendo la acusación de que los partidarios de Israel en el Congreso son desleales a los Estados Unidos—. Pero luego Trump declaró que "cualquier persona judía que vote por un demócrata" muestra una "gran deslealtad" —utilizando el mismo tropo antisemita que puso a Omar y Tlaib en problemas en primer lugar—.

8. Dijo que la Unión Soviética tenía razón al invadir Afganistán y felicitó a China por el 70º aniversario de la toma comunista del poder. La URSS no invadió Afganistán "porque terroristas estaban entrando a Rusia" y no tenían "derecho a estar allí", como afirmó Trump. Entraron para evitar el reemplazo de un régimen títere soviético por un régimen amigo de los Estados Unidos. En cuanto a China, 65 millones de los aproximadamente 100 millo-

"...65 millones de los aproximadamente 100 millones de personas asesinadas por los regímenes comunistas durante el siglo XX fueron asesinados por China. Es el régimen más asesino de la historia humana".

nes de personas asesinadas por los regímenes comunistas durante el siglo XX fueron asesinados por China. Es el régimen más asesino de la historia humana.

7. Perdió una pelea innecesaria por el cierre del gobierno. En 2018, el Comité de Asignaciones del Senado aprobó $ 1.6 mil millones para 65 millas de cercado fronterizo por un abrumador voto bipartidista. En lugar de aceptar el acuerdo, Trump cerró el gobierno y exigió $ 5.7 mil millones. Terminó con menos —$ 1.38 mil millones— de lo que hubiera obtenido si hubiera simplemente aceptado el acuerdo bipartidista.

6. Utilizó sus poderes de emergencia para eludir al Congreso en cuanto al muro fronterizo. Después de perder la pelea por el cierre, Trump usó la Ley Nacional de Emergencias para asignar fondos para una prioridad de política después de que el Congreso específicamente se negó a hacerlo legislativamente. No solo fue esto un abuso de poder; también era completamente innecesario. Hubiera podido reprogramar dinero de otras cuentas de la Tesorería o del Departamento de Defensa sin invocar sus poderes de emergencia. En cambio, eligió un asalto directo a los poderes constitucionales del Congreso, y los republicanos vergonzosamente lo consintieron.

5. Continuó difundiendo el embuste de que los Estados Unidos están luchando en "guerras interminables". Nuestros niveles de fuerzas en Siria, Irak y Afganistán no son ni la sombra de lo que eran antes, y las fuerzas estadounidenses están armando y entrenando a aliados que llevan a cabo la lucha en lugar nuestro. Esa es la estrategia correcta. Sin embargo, Trump continúa comunicándose con su Barack Obama interno y buscando la completa retirada estadounidense.

4. Continuó atacando a personas fallecidas. De la misma manera como Trump criticó al ex senador John McCain mucho después de su muerte, este mes lanzó una andanada contra el difunto representante John Dingell sugiriendo que estaba "mirando hacia arriba" desde el infierno —un ataque que conmocionó a su viuda, la representante Debbie Dingell (D- Mich.), quien se estaba preparando para pasar su primera Navidad sin él. ¿Quiere saber

"Si Trump quiere mantener esta fuerte economía andando, necesita más trabajadores —y eso significa que necesita más inmigrantes—".

por qué, a pesar de una economía en ebullición, la popularidad de Trump sigue estancada en cuarenta y pico? Es por este tipo de cosas.

3. Le pidió al presidente de Ucrania que investigara a Hunter Biden. Su llamada telefónica con el presidente Volodymyr Zelensky no fue "perfecta" como afirmó Trump. Después de que el fiscal especial Robert S. Mueller III encontrara que Trump no había conspirado con Rusia en 2016, Trump decidió arrebatar la derrota de las fauces de la victoria dando a los demócratas el pretexto que habían estado buscando para acusarlo.

2. Invitó a los talibanes a Camp David. Los líderes del grupo terrorista se hubieran sentado en la misma mesa donde los funcionarios estadounidenses planearon el derrocamiento de su régimen, para aceptar los términos de la rendición de América en la víspera del 18º aniversario de los ataques del 11 de septiembre que ellos facilitaron. El desastre sólo fue evitado porque los talibanes decidieron esponjarle la derrota en la cara a Trump matando a un soldado americano. La invitación fue posiblemente el momento más vergonzoso de la presidencia de Trump.

1. Le dio luz verde a Turquía para invadir Siria y atacar a nuestros aliados kurdos. Los kurdos sufrieron 11,000 bajas en la lucha contra el Estado Islámico desde 2014 y nos dieron la inteligencia crítica que nos llevó hasta la puerta del líder del Estado Islámico Abu Bakr al-Baghdadi. Después de ver a Trump abandonar a los kurdos para ser sacrificados, ¿por qué alguien se ofrecería voluntariamente a ayudar a Estados Unidos en la lucha contra el radicalismo islamista?

En años pasados, muchas entradas en mi lista de "peores" fueron errores de estilo, no sustantivos. Pero este año, el número y la gravedad de los errores sustantivos del presidente crecieron. En general, lo bueno aún supera a lo malo en la presidencia de Trump. Pero lo malo está empeorando.

"Su llamada telefónica con el presidente Volodymyr Zelensky no fue "perfecta" como afirmó Trump".

Fuente: The Washington Post
https://www.washingtonpost.com/opinions/2019/12/30/worst-things-trump-did/

24

MARC A. THIESSEN
3 de enero, 2020

Al matar a Soleimani, Trump hace cumplir la línea roja que le había trazado a Irán

"...Trump designó al Cuerpo de la Guardia Revolucionaria Islámica, incluida su Fuerza Quds, como una organización terrorista extranjera. Esto convirtió a Soleimani en un objetivo militar legítimo".

La decisión del presidente Trump de matar al comandante de la Fuerza Quds de la Guardia Revolucionaria iraní, mayor general Qasem Soleimani, no debería haber caído por sorpresa al régimen iraní. La administración había trazado una línea roja clara, advirtiendo a los líderes iraníes que pagarían un precio severo si mataban algún ciudadano estadounidense.

El Post reportó el verano pasado que, durante una visita a Bagdad en mayo, el secretario de estado Mike Pompeo "hizo advertencias en privado destinadas a los líderes iraníes de que cualquier ataque de Teherán o sus agentes que resulte en la muerte de incluso un miembro de las fuerzas americanas generará un contraataque militar". Estados Unidos había visto un salto en la cantidad de inteligencia reportando que las milicias respaldadas por Irán podrían reanudar los tipos de ataques contra las fuerzas estadounidenses que fueron comunes durante la guerra de Irak. Pompeo dijo que esto no sería tolerado.

El mensaje que la administración envió a Irán fue claro como el cristal: 1) cualquier ataque contra americanos provocaría una respuesta militar; y 2) Estados Unidos responsabilizaría a Irán de ahí en adelante por las acciones de sus agentes terroristas. Para enfatizar el mensaje, Trump designó al Cuerpo de la Guardia Revolucionaria Islámica, incluida su Fuerza Quds, como una organización terrorista extranjera. Esto convirtió a Soleimani en un objetivo militar legítimo.

Durante meses, Irán bailó cerca de la nueva línea roja de Trump, llevando a cabo ataques cada vez más audaces contra objetivos, aliados e intereses estadounidenses —pero evitando asiduamente las bajas estadounidenses. Primero, atacó petroleros japoneses y noruegos. Luego, derribó un dron estadounidense no tripulado (mientras esquivó una aeronave P-8 americana tripulada que supuestamente estaba volando en el área). Luego, atacó instalaciones petroleras sauditas.

En cada caso, el presidente mostró un enorme autocontrol. Endureció las sanciones económicas contra el régimen en Teherán. Lanzó ciberataques contra las capacidades militares de Irán. Y advirtió a Irán que su paciencia no estaba exenta de límites. "Creo que hemos mostrado mucho autocontrol, pero eso no significa que lo vamos a hacer en el futuro", dijo Trump.

Irán confundió el autocontrol de Trump con debilidad —y juzgó equivocadamente. El 27 de diciembre, una milicia pro iraní, Kataib Hezbollah, lanzó un ataque de cohetes contra una base militar en la ciudad iraquí de Kirkuk que mató a un contratista militar de Estados Unidos e hirió a cuatro miembros de las fuerzas estadounidenses. Con ese ataque, Irán cruzó la línea roja que Trump había establecido. Trump contraatacó militarmente, atacando objetivos de Kataib Hezbollah en Irak y Siria —y funcionarios estadounidenses comenzaron a discutir un ataque contra Irán.

Mientras tanto, Irán intensificó aún más. Kataib Hezbollah invadió y prendió fuego a la embajada de los Estados Unidos en Bagdad, un ataque que un alto funcionario estadounidense me dijo que fue coordinado con Soleimani. Los funcionarios estadounidenses observaron cómo Soleimani voló a Bagdad para reunirse con Abu Mahdi al-Muhandis, el líder de la milicia Kataib Hezbollah. De acuerdo con el funcionario estadounidense, los Estados Unidos tenían "inteligencia exquisita" de que los dos hombres estaban planeando un ataque que podría haber matado a cientos de americanos.

"Irán confundió el autocontrol de Trump con debilidad — y juzgó equivocadamente".

Aprovechando esa oportunidad, Trump los eliminó a ambos. Su acción fue defensiva, preventiva y legal. Si Trump no hubiera actuado y hubiesen muerto americanos, habría sido excoriado —y con toda razón. En cambio, él actuó audazmente interrumpiendo ese ataque y retirando a Soleimani y a Muhandis del campo de batalla.

"Trump no necesita permiso del Congreso para actuar militarmente para proteger ciudadanos estadounidenses de terroristas".

Pero en lugar de elogiar a Trump, la presidenta de la Cámara de Representantes, Nancy Pelosi (D-Calif.) acusó a Trump de "comprometerse en acciones provocadoras y desproporcionadas" y se quejó en una declaración de que lo había hecho sin consultar al Congreso y "sin una Autorización para el Uso de Fuerza Militar (AUMF en inglés) contra Irán".

Eso es absurdo. Trump no necesitaba una AUMF. Soleimani y Muhandis fueron ambos designados como terroristas globales. Muhandis fue designado en 2009, y de acuerdo con funcionarios estadounidenses fue responsable de contrabandear de Irán a Irak los IEDs (Dispositivos Explosivos Improvisados en inglés) perforadores de blindaje que mataron a cientos de soldados estadounidenses. Soleimani era su comandante y el arquitecto de prácticamente toda acción terrorista iraní importante durante décadas. Estaban en medio de la planificación de otro ataque, supuestamente contra la embajada de los Estados Unidos, que es territorio soberano estadounidense. Trump no necesita permiso del Congreso para actuar militarmente para proteger ciudadanos estadounidenses de terroristas.

Y la acción de Trump no fue "provocadora". Él no es el que está intensificando; Irán ha estado intensificando durante meses. Y ahora, Irán necesita entender que si intensifica aún más en respuesta a esta acción defensiva, Estados Unidos ha dejado en claro cuál será el próximo paso. En comentarios públicos el verano pasado, Pompeo dijo que si Irán mataba americanos en Irak, la respuesta de Estados Unidos "probablemente no se llevaría a cabo en Irak, sino que probablemente se llevaría a cabo en el propio Irán".

Trump le acertó a Soleimani en Irak porque él cometió el error de ir allá para planear un ataque terrorista. Pero si Irán vuelve a juzgar equivocadamente, entonces el régimen está advertido: la próxima vez, el objetivo probablemente será Irán.

"Trump le acertó a Soleimani en Irak porque él cometió el error de ir allá para planear un ataque terrorista".

Fuente: The Washington Post
https://www.washingtonpost.com/opinions/2020/01/03/killing-soleimani-trump-enforces-red-line-he-drew-iran/

25

HENRY OLSEN
10 de enero, 2020

"El comercio es otro ejemplo de una política de Trump atacada ferozmente que está resultando bien".

Trump ha tenido muchos éxitos de política. Usted simplemente no oye acerca de ellos

Los arrestos por cruces fronterizos ilegales a los Estados Unidos disminuyeron nuevamente el mes pasado, el séptimo mes consecutivo en que han disminuido. El hecho de que usted probablemente no haya escuchado acerca de esto en los medios es tal vez porque ello es una gran victoria para el presidente Trump —y esa es una razón por la que tantos partidarios de Trump se han desconectado de los medios.

La saga migratoria comenzó el verano pasado. Cientos de miles de centroamericanos pobres hicieron el viaje de más de 1,000 millas hacia el norte impulsados por la creencia de que era fácil ingresar a los Estados Unidos. Para junio, los agentes fronterizos de Estados Unidos estaban arrestando más de 130,000 personas por mes. Algo tenía que hacerse para evitar un desastre humanitario.

Trump actuó. Anunció que impondría aranceles a los productos de México a menos que ese país hiciera mas para contener el flujo de centroamericanos en busca de asilo en los Estados Unidos. La medida fue ampliamente condenada por los sospechosos habituales, pero una vez que México se sometió a las demandas de Trump, la atención se trasladó a otra parte.

Resulta que los críticos estaban equivocados. Menos de 33,000 personas fueron arrestadas en la frontera suroeste en diciembre. Esto no es sólo 100,000 personas menos que las que fueron arrestadas en mayo justo antes de que Trump actuara; son casi 18,000 personas menos que en diciembre de 2018. No es como si los países de los que huían los migrantes se hubiesen convertido de repente en jardines de la noche a la mañana. Sólo hay una explicación para el rápido declive: las políticas de Trump funcionaron.

Esto está lejos de ser la primera vez que políticas condenadas rotundamente cuando Trump las ha anunciado han resultado ser exitosas. Los ataques de Trump contra los aliados de la OTAN por su incumplimiento de los compromisos de gastar al menos el 2 por ciento de su producto interno bruto en defensa fueron ridiculizados de manera uniforme. Pero hoy, después de tres años, el gasto en defensa de la OTAN ha aumentado, e incluso muchos europeos dicen que las amenazas de Trump les ayudaron a despertar.

"Para junio, los agentes fronterizos de Estados Unidos estaban arrestando más de 130,000 personas por mes. Algo tenía que hacerse para evitar un desastre humanitario".

El comercio es otro ejemplo de una política de Trump atacada ferozmente que está resultando bien. La decisión de Trump de retirarse del Tratado de Libre Comercio de América del Norte (NAFTA en inglés) empujó a Canadá y México a la mesa de negociaciones y el resultado fue el Acuerdo Estados Unidos-México-Canadá. Este acuerdo comercial revisado de América del Norte altera responsablemente un acuerdo alcanzado hace un cuarto de siglo, cuando Estados Unidos era la superpotencia económica mundial, para garantizar que surjan más empleos de alto valor agregado en los Estados Unidos. Incluso la presidenta de la Cámara de Representantes, Nancy Pelosi (D- Calif.), se doblegó ante los beneficios del nuevo pacto para los americanos y respaldó la aprobación del tratado por parte de la Cámara, con algunas modificaciones, en diciembre. Anótese otra victoria para Trump de la que usted probablemente no ha oído hablar mucho.

Aún la llamada guerra comercial con China no está llevando al desastre que la mayoría de los expertos profetizaron. Resulta que China depende más de las exportaciones a Estados Unidos que lo que las empresas estadounidenses dependen de China. Mientras que el crecimiento económico chino cayó a el ritmo más bajo en casi tres décadas, el crecimiento de EE. UU. apenas ha disminuido. El informe de empleo de hoy mostró una vez más tasas bajas récord de desempleo y aumentos salariales por encima de la inflación. China ha aceptado la "fase uno" de acuerdo comercial que se firmará la próxima semana y que efectivamente señala una tregua en la batalla en curso. Mire cómo la eruditocracia la ignora en gran medida.

Este patrón —condenar el acto y luego ignorar el resultado— es tan pronunciado que no puede ser accidental. Mucha gente piensa que Trump es tan malvado, tan incompetente y tan corrupto que simplemente nunca es capaz de hacer algo bien. Aparentemente él es peor que el proverbial reloj roto, que al menos está correcto dos veces al día.

La confrontación con Irán que se ha desarrollado durante la última semana y media es simplemente el último ejemplo de este patrón. Primero se acusó a Trump de empujar a Irán a la guerra con Estados Unidos debido a su decisión de matar al cerebro terrorista de Irán, el mayor general Qasem Soleimani. Pero Trump casi no ha recibido crédito por el hecho de que las represalias iraníes fueron intencionalmente ineficaces, lo que era la respuesta lógica de Irán porque los líderes del país saben que no pueden ganar una guerra directa con Estados Unidos. En cambio, algunos críticos ahora culpan a Trump por el avión de pasajeros ucraniano que Irán aparentemente derribó por error. No hay lógica en esto, a menos que la lógica consista en mantener un bombardeo constante de críticas sólo débilmente conectado con la realidad.

Los partidarios de Trump entendieron esto desde hace mucho tiempo. Es sólo la naturaleza humana: si sabe que alguien no tiene sus mejores intereses en mente, usted no lo va a escuchar. Así, los fanáticos de Trump se han desconectado de la mayoría de los medios, sabiendo que no obtendrán nada siquiera parecido a un mensaje justo y equilibrado. Esto a su vez significa que cuando los medios informan algo que crea dudas reales sobre el carácter y la capacidad de Trump, como su inapropiada llamada telefónica con el presidente ucraniano Volodymyr Zelensky, ello cae en oídos sordos.

Trump ha tenido un número de errores políticos garrafales, pero como cualquier presidente, también ha tenido un buen número de

"Este patrón —condenar el acto y luego ignorar el resultado— es tan pronunciado que no puede ser accidental".

éxitos. Nuestra actividad política sería más saludable si sus adversarios pudieran admitir eso de vez en cuando.

"...los fanáticos de Trump se han desconectado de la mayoría de los medios, sabiendo que no obtendrán nada siquiera parecido a un mensaje justo y equilibrado".

Fuente: The Washington Post
https://www.washingtonpost.com/opinions/2020/01/10/trump-has-had-lot-policy-successes-you-just-dont-hear-about-them

26

KELLYANNE CONWAY
23 de enero, 2020

El presidente Trump nos muestra que la elegibilidad no está a la par de la electricidad

"...la candidatura poco ortodoxa de Trump produjo multitudes masivas, cobertura ubicua de los medios y un lugar en el centro del escenario en el primer debate..."

Donald J. Trump le dio un vuelco al modelo de negocios presidencial de los demócratas.

Durante décadas, los demócratas elevaron y eligieron candidatos que representaban la juventud y la energía, caras frescas y sangre nueva: John F. Kennedy, Jimmy Carter, Bill Clinton, Barack Obama. Sus familias jóvenes, carreras "fuera del Beltway" y promesas de un nuevo amanecer desafiaron directamente la esclerosis de la vieja guardia y encauzaron un futuro lleno de optimismo y cambio.

Con la excepción de Ronald Reagan, el establecimiento del Partido Republicano moderno nunca fue tan audaz, siendo incapaz de mirar más allá de "quién sigue" en la fila, mientras a menudo reducía su nominación presidencial a una coronación ("él puede ganar") o a una consolación ("perdió la ultima vez").

Los partidos políticos ahora han intercambiado roles.

El candidato Trump demostró que la así llamada elegibilidad no está a la par de la electricidad y de una concentración incansable en el colegio electoral. "Usted no puede ganar" —y más tarde, "ella no puede perder"— fueron las consignas comunes en 2016. Sin embargo, la candidatura poco ortodoxa de Trump produjo multitudes masivas, cobertura ubicua de los medios y un lugar en el centro del escenario en el primer debate que el candidato mantuvo hasta que los otros 16 candidatos republicanos desaparecieron de la competencia. En las elecciones generales, la disposición del candidato Trump a hacer campaña en áreas que habían sido esquivas a candidatos presidenciales republicanos y, por lo tanto, descartadas por muchos de sus consultores del establecimiento, marcaron la diferencia.

Buscando convertirse en el primer presidente de los Estados Unidos que nunca había ocupado cargos electivos ni prestado el servicio militar, asumió el papel de extraño y llevó su caso directamente al pueblo. Poseía "energía" e ideas frescas, y convirtió la "experiencia" de su oponente en un lastre. Hillary Clinton representaba lo que estaba mal con la definición de poder de Washington; las encuestas mostraban que la gente no confiaba en ella. Con Trump, los extraños finalmente obtuvieron a alguien adentro.

Cuatro años más tarde, en el partido Demócrata , los candidatos, líderes del partido y votantes de las primarias han sido seducidos para llevarlos a la trampa de enfocarse en la elegibilidad. Múltiples encuestas muestran que los demócratas valoran el "vencer a Donald Trump" por encima de todo lo demás.

En una encuesta de CNN este mes, el 57 por ciento de los demócratas dijeron que es más importante nominar a un candidato que pueda derrotar a Trump que elegir a uno que esté de acuerdo con ellos en los temas. El ex vicepresidente Joe Biden está a la cabeza en cuanto a elegibilidad: el 45 por ciento dicen que Biden tiene la mayor oportunidad de vencer a Trump. El senador Bernie Sanders (I-Vt.) está en un distante segundo lugar con 24 por ciento. El ex alcalde de Nueva York, Mike Bloomberg, dijo recientemente que podría gastar mil millones de dólares para "deshacerse de Donald Trump" y que, después de poner $ 200 millones, tiene una "posibilidad razonable" de que así sea. (Las encuestas sugieren lo contrario).

"Múltiples encuestas muestran que los demócratas valoran el "vencer a Donald Trump" por encima de todo lo demás".

De hecho, si los demócratas fueran serios en cuanto a la elegibilidad, nominarían al tipo que realmente ganó contiendas primarias y demostró, hace cuatro cortos años, que puede jugar el papel de David ante Goliat en lugares claves. Sanders superó a Clinton en 22 estados en 2016, incluidos campos de batalla como Michigan,

Wisconsin y Minnesota, al mismo tiempo que obtuvo más de 13 millones de votos y 1,800 delegados.

Ahora, con las primeras asambleas electorales y elecciones primarias a solo unas semanas de distancia, Sanders está mostrando fuerza en las encuestas y en la recaudación de fondos, habiendo superado en recaudaciones a Biden en el último trimestre, quitado la delantera a Biden por primera vez, y habiendo durado más que los candidatos que eran favoritos de los medios y más en el molde de "transformadores" e "históricos".

El partido Demócrata se cree a sí mismo inclusivo, sin miedo a promover candidatos no convencionales o a abordar los problemas del día. Sin embargo, la pregunta miope de "quién le puede ganar" al titular ya ha dado como resultado, antes de que se haya emitido un solo voto, la retirada de los siguientes candidatos presidenciales propiamente dichos: dos senadores negros, una mujer y un hombre; una senadora de los Estados Unidos que se postulaba en favor del "empoderamiento de las mujeres"; un hispano ex secretario de gabinete; un gobernador de dos períodos que se postulaba a favor del cambio climático; un gobernador de dos períodos de un estado en disputa; y un congresista en sus treintas que se postulaba en favor del control de armas. En los primeros puestos, solo queda un grupo de blancos y multimillonarios. El "Despertar" está en quiebra.

"Sólo yo puedo vencer a Donald Trump", cacarea Biden leyendo de una tarjeta, incluso cuando confunde a Iowa con Ohio y miente sobre sus posiciones anteriores sobre la Guerra de Irak y la decisión de matar a Osama bin Laden. Biden carece de electricidad, pero posee "elegibilidad". Los votantes demócratas lo están creyendo, a pesar de sus defectos y del desaire humillante del presidente al que él sirvió. Barack Obama ofreció el mes pasado una lista de respaldos de fin de año. Incluía libros y películas, pero no Biden.

Jill Biden, también, pasa silbando frente al debate político y va directo al corazón de la elegibilidad mientras hace campaña por su marido. "Su candidato puede ser mejor en , no sé, atención de salud, que Joe, pero usted tiene que ver quién va a ganar estas elec-

""Sólo yo puedo vencer a Donald Trump", cacarea Biden leyendo de una tarjeta, incluso cuando confunde a Iowa con Ohio y miente sobre sus posiciones anteriores..."

ciones", dijo el año pasado. "Y tal vez tenga que tragar un poco y decir, 'Está bien, personalmente me gusta tal o cual más', pero su balance final debe ser que tenemos que vencer a Trump". En Iowa este mes, donde una encuesta mostró a Joe Biden en cuarto lugar allí, Jill Biden insistió en que sólo su esposo puede vencer a Trump en el otoño y que los otros candidatos demócratas no son elegibles y deberían en lugar ser nombrados "secretarios de lo que sea".

"El discurso de elegibilidad puede parecer racional, pero no es ni filosófico ni inspirador. Tampoco es demostrable".

El discurso de elegibilidad puede parecer racional, pero no es ni filosófico ni inspirador. Tampoco es demostrable. No hay evidencia verdadera de que alguien pueda o no pueda ganar hasta que de hecho gane o no gane. En una encuesta de CNN en agosto de 2007, Clinton derrotaba a Obama en elegibilidad. Ella se convirtió en doble perdedora presidencial; él, en un presidente de dos períodos.

Fuente: The Washington Post
https://www.washingtonpost.com/opinions/2019/12/20/forget-impeachment-passage-usmca-is-most-important-headline-this-week/

27

DONALD J. TRUMP
5 de febrero, 2020

Discurso del presidente Trump sobre el Estado de la Union 2020

"...por todas estas razones, le digo a la gente de nuestro gran país, y a los miembros del Congreso frente a mí: ¡El Estado de nuestra Unión es más fuerte que nunca!"

Señora Presidenta de la Cámara, Sr. Vicepresidente, Miembros del Congreso, la Primera Dama de los Estados Unidos y mis conciudadanos:

Hace tres años, lanzamos el gran retorno americano. Esta noche, estoy frente a ustedes para compartir los increíbles resultados. Los empleos están en alza, los ingresos están disparados, la pobreza está cayendo en picada, el crimen está descendiendo, la confianza está creciendo, ¡y nuestro país está prosperando y es altamente respetado nuevamente! Los enemigos de América están huyendo, las fortunas de América están en aumento y el futuro de América es de un brillo centelleante.

Los años de decadencia económica han terminado. Los días en que otras naciones usaron, se aprovecharon e incluso despreciaron a nuestro país han quedado bien atrás. También se han acabado las promesas incumplidas, las recuperaciones sin empleos, los lugares comunes agotados y las constantes excusas para la disminución de la riqueza, el poder y el prestigio americanos.

En solo 3 cortos años, hemos hecho añicos la mentalidad de decadencia americana, y hemos rechazado la disminución del destino de América. ¡Estamos avanzando a un ritmo inimaginable hace sólo un poco tiempo, y nunca daremos marcha atrás!

Estoy encantado de informarles esta noche que nuestra economía es la mejor que hemos tenido. Nuestro fuerzas armadas están completamente reconstruidas, con su poder inigualado en ninguna parte del mundo —y ni siquiera de cerca. Nuestras fronteras están seguras. Nuestras familias están floreciendo. Nuestros valores están renovados. Nuestro orgullo está restaurado. Y por todas estas razones, le digo a la gente de nuestro gran país, y a los miembros del Congreso frente a mí: ¡El Estado de nuestra Unión es más fuerte que nunca!

La visión que expondré esta noche demuestra cómo estamos construyendo la sociedad más próspera e incluyente del mundo —una en la que cada ciudadano puede unirse al éxito sin precedentes de América, y en donde cada comunidad puede tomar parte en el extraordinario ascenso de América.

Desde el momento en que asumí el cargo, actué rápidamente para revivir la economía de los Estados Unidos —recortando un número récord de regulaciones eliminadoras de empleos, promulgando recortes de impuestos históricos y que rompieron récords, y luchando por acuerdos comerciales justos y recíprocos. Nuestra agenda es inexorablemente pro-trabajador, pro-familia, pro-crecimiento y, sobre todo, pro-americana. Estamos avanzando con optimismo sin límite y elevando a nuestros ciudadanos de toda raza, color, religión o credo.

Desde mi elección, hemos creado 7 millones de nuevos empleos —5 millones más de lo que los expertos gubernamentales proyectaron durante la administración anterior.

La tasa de desempleo es la más baja en más de medio siglo.

Increíblemente, la tasa promedio de desempleo bajo mi administración es más baja que la de cualquier otra administración en la historia de nuestro país. Si no hubiéramos revertido las políticas económicas fallidas de la administración anterior, el mundo ahora no sería testigo del gran éxito económico de América.

Las tasas de desempleo para afroamericanos, hispanoamericanos y asiaticoamericanos han alcanzado los niveles más bajos de la his-

"Nuestra agenda es inexorablemente pro-trabajador, pro-familia, pro-crecimiento y, sobre todo, pro-americana".

toria. El desempleo juvenil afroamericano ha alcanzado el punto más bajo de todos los tiempos.

La pobreza afroamericana ha disminuido a la tasa más baja jamás registrada.

La tasa de desempleo de las mujeres alcanzó el nivel más bajo en casi 70 años —y el año pasado, las mujeres llenaron el 72 por ciento de todos los nuevos empleos creados.

La tasa de desempleo de los veteranos cayó a un mínimo histórico.

La tasa de desempleo de los americanos discapacitados ha alcanzado un mínimo histórico.

Los trabajadores sin diploma de escuela secundaria han alcanzado la tasa de desempleo más baja registrada en la historia de los Estados Unidos.

Un número récord de jóvenes estadounidenses ahora están empleados.

"Bajo la última administración, más de 10 millones de personas fueron añadidas a las listas de cupones de alimentos. Bajo mi administración, 7 millones de americanos han dejado los cupones de alimentos ..."

Bajo la última administración, más de 10 millones de personas fueron añadidas a las listas de cupones de alimentos. Bajo mi administración, 7 millones de americanos han dejado los cupones de alimentos, y 10 millones de personas han sido retiradas del bienestar social.

En 8 años bajo la última administración, más de 300,000 personas en edad de trabajar abandonaron la fuerza laboral. En solo 3 años de mi administración, 3.5 millones de personas en edad de trabajar se han unido a la fuerza laboral.

Desde mi elección, el patrimonio neto de la mitad inferior de los asalariados ha aumentado en un 47 por ciento, 3 veces más rápido que el aumento para el 1 por ciento superior. Después de décadas de ingresos estancados o decrecientes, los salarios están aumentando rápidamente —y, maravillosamente, están aumentando más rápido para los trabajadores de bajos ingresos, quienes han visto un aumento salarial del 16 por ciento desde mi elección. Esto es un auge de la clase obrera.

¡El ingreso medio real de los hogares está ahora en el nivel más alto jamás registrado!

Desde mi elección, los mercados bursátiles de Estados Unidos se han disparado un 70 por ciento, sumando más de $ 12 trillones al patrimonio de nuestra nación, trascendiendo todo lo que cualquiera hubiera creído que era posible —esto, al mismo tiempo que a otros países no les está yendo bien. La confianza del consumidor ha alcanzado niveles nuevos sorprendentes.

A todos esos millones de personas con 401(k)s y pensiones les está yendo mucho mejor que nunca con incrementos de 60, 70, 80, 90 e incluso del 100 por ciento.

Los empleos y la inversión se están volcando sobre 9,000 vecindarios anteriormente descuidados gracias a las Zonas de Oportunidad, un plan encabezado por el Senador Tim Scott como parte de nuestros grandes recortes republicanos de impuestos. En otras palabras, las personas y las empresas ricas están vertiendo dinero en vecindarios o áreas pobres que no han visto inversiones en muchas décadas, creando empleos, energía y entusiasmo. Esta es la primera vez que estas comunidades merecedoras han visto algo así. ¡Todo está funcionando!

Las Zonas de Oportunidad están ayudando a americanos como el veterano del ejército Tony Rankins de Cincinnati, Ohio. Después de sufrir una adicción a las drogas, Tony perdió su trabajo, su casa y su familia —estaba en la calle. Pero entonces Tony encontró una empresa de construcción que invierte en zonas de oportunidad. Ahora él es uno de los mejores obreros calificados, libre de drogas, reunido con su familia, y está aquí esta noche. Tony: Mantenga ese gran esfuerzo.

Nuestra economía rugiente, por primera vez, le ha dado a muchos ex prisioneros la capacidad de conseguir un gran trabajo y tener un nuevo comienzo. Esta segunda oportunidad de vivir es posible porque convertimos en ley la trascendental Reforma de la Justicia Penal. Todo el mundo dijo que la Reforma de la Justicia Penal no se podía hacer, pero la hice, y la gente en esta sala la hizo.

"Los empleos y la inversión se están volcando sobre 9,000 vecindarios anteriormente descuidados gracias a las Zonas de Oportunidad..."

Gracias a nuestra audaz campaña de reducción regulatoria, Estados Unidos se ha convertido en el productor número uno de petróleo y gas natural en el mundo, con mucha diferencia. Con el tremendo progreso que hemos logrado en los últimos 3 años, América es ahora independiente de la energía, y los empleos energéticos, como tantos elementos de nuestro país, están en un nivel alto récord. Estamos produciendo números que nadie hubiese creído posible hace tan solo 3 años.

Del mismo modo, estamos restaurando el poderío manufacturero de nuestra nación, a pesar de que las predicciones eran que esto nunca podría haberse hecho. Después de perder 60,000 fábricas bajo las dos administraciones anteriores, América ahora ha ganado 12,000 nuevas fábricas bajo mi administración con miles y miles de plantas y fábricas siendo planificadas o construidas. Hemos creado más de medio millón de nuevos empleos manufactureros. Las empresas no se van; están volviendo. Todo el mundo quiere estar donde está la acción, y en los Estados Unidos de América es, de hecho, en donde está la acción.

Una de las mayores promesas puntuales que hice al pueblo americano fue la de reemplazar el desastroso acuerdo comercial NAFTA [siglas en inglés del Tratado de Libre Comercio de América del Norte]. De hecho, el comercio injusto es quizás la razón más grande por la que decidí postularme para presidente. Luego de la adopción del NAFTA, nuestra nación perdió uno de cada cuatro empleos manufactureros. Muchos políticos fueron y vinieron, prometiendo cambiar o reemplazar NAFTA —solo para no hacer absolutamente nada. Pero a diferencia de muchos que vinieron antes que yo, yo cumplo mis promesas. Hace seis días, reemplacé NAFTA y firmé el nuevo Acuerdo Estados Unidos-México-Canadá (USMCA [siglas en inglés]).

El USMCA creará cerca de 100,000 nuevos empleos automotrices americanos de alta remuneración y estimulará masivamente las exportaciones para nuestros agricultores, ganaderos y trabajadores de fábricas. También llevará el comercio con México y Canadá a un grado mucho más alto, pero también a un nivel mucho mayor de equidad y reciprocidad. Este es el primer gran acuerdo

"Todo el mundo quiere estar donde está la acción, y en los Estados Unidos de América es, de hecho, en donde está la acción".

comercial en muchos años que ha obtenido el fuerte respaldo de los sindicatos de trabajadores de América.

También les prometí a nuestros ciudadanos que impondría aranceles para enfrentar el robo masivo de empleos americanos por parte de China. Nuestra estrategia funcionó. Hace unos días, firmamos el nuevo e innovador acuerdo con China que defenderá a nuestros trabajadores, protegerá nuestra propiedad intelectual, traerá miles de millones de dólares a nuestra tesorería y abrirá vastos nuevos mercados para productos hechos y cultivados aquí en los Estados Unidos de América. Durante décadas, China se ha aprovechado de los Estados Unidos, ahora hemos cambiado eso, pero, al mismo tiempo, tenemos quizás las mejores relaciones de todos los tiempos con China, incluso con el presidente Xi. Ellos respetan lo que hemos hecho porque, muy francamente, nunca pudieron creer todo lo que obtuvieron año tras año, década tras década, sin que nadie en nuestro país interviniera y dijera: Suficiente. Ahora, queremos reconstruir nuestro país, y eso es lo que estamos haciendo.

A medida que restauramos el liderazgo americano en todo el mundo, una vez más estamos defendiendo la libertad en nuestro hemisferio. Eso es por lo que mi Administración revirtió las políticas fallidas de la administración anterior sobre Cuba. Estamos apoyando las esperanzas de los cubanos, nicaragüenses y venezolanos de restaurar la democracia. Los Estados Unidos están liderando una coalición diplomática de 59 naciones contra el dictador socialista de Venezuela, Nicolás Maduro. Maduro es un gobernante ilegítimo, un tirano que trata con crueldad a su pueblo. Pero el agarre de tiranía de Maduro será destrozado y roto. Aquí esta noche está un hombre que lleva consigo las esperanzas, los sueños y las aspiraciones de todos los venezolanos. Junto a nosotros en la galería está el verdadero y legítimo presidente de Venezuela, Juan Guaidó. Sr. Presidente, por favor lleve este mensaje de vuelta a su tierra natal. ¡Todos los americanos están unidos con el pueblo venezolano en su justa lucha por la libertad! El socialismo destruye naciones. Pero recuerde siempre, la libertad unifica el alma.

Para salvaguardar la Libertad Americana, hemos invertido un récord de $ 2.2 billones en las Fuerzas Armadas de los Estados

"...prometí a nuestros ciudadanos que impondría aranceles para enfrentar el robo masivo de empleos americanos por parte de China. Nuestra estrategia funcionó".

Unidos. Hemos comprado los mejores aviones, misiles, cohetes, barcos y todo tipo de equipo militar —todo hecho en los Estados Unidos de América. También estamos haciendo finalmente que nuestros aliados ayuden a pagar su justa parte. He aumentado las contribuciones de los otros miembros de la OTAN en más de $ 400 mil millones, y el número de aliados que cumplen con sus obligaciones mínimas se ha más que duplicado.

Y hace tan sólo unas semanas, por primera vez desde que el presidente Truman estableció la Fuerza Aérea 70 años antes, creamos una nueva rama de las Fuerzas Armadas de los Estados Unidos, la Fuerza Espacial.

En la galería esta noche, tenemos a uno de los reclutas potenciales más jóvenes de la Fuerza Espacial: Iain Lanphier, de 13 años, estudiante de octavo grado de Arizona. Iain siempre ha soñado con ir al espacio. Fue el primero en su clase y uno de los más jóvenes en una academia de aviación. Aspira a ir a la Academia de la Fuerza Aérea, y luego, tiene la vista puesta en la Fuerza Espacial. Como dice Iain, "la mayoría de la gente mira hacia arriba al espacio, yo quiero mirar hacia abajo al mundo".

Sentado al lado de Iain esta noche está su gran héroe. Charles Mc-Gee nació en Cleveland, Ohio, hace un siglo. Charles es uno de los últimos Aviadores de Tuskegee sobrevivientes —los primeros pilotos de combate negros— y también resulta que es el bisabuelo de Iain. Después de más de 130 misiones de combate en la Segunda Guerra Mundial, regresó a un país que todavía luchaba por los Derechos Civiles y pasó a servir a América en Corea y Vietnam. El 7 de diciembre, Charles celebró su centenario de nacimiento. Hace unas semanas, firmé un proyecto de ley ascendiendo a Charles McGee a general de brigada. Y hoy más temprano, impuse las estrellas sobre sus hombros en la Oficina Oval. General McGee: Nuestra nación le saluda.

Desde los peregrinos hasta nuestros Fundadores, desde los soldados en Valley Forge hasta los manifestantes en Selma, y desde el presidente Lincoln hasta el reverendo Dr. Martin Luther King, Jr., los americanos siempre han rechazado límites al futuro de nuestros hijos.

"por primera vez desde que el presidente Truman estableció la Fuerza Aérea 70 años antes, creamos una nueva rama de las Fuerzas Armadas de los Estados Unidos, la Fuerza Espacial".

Miembros del Congreso, nunca debemos olvidar que las únicas victorias que importan en Washington son las victorias que le cumplen al pueblo americano. La gente es el corazón de nuestro país, sus sueños son el alma de nuestro país y su amor es lo que impulsa y sostiene a nuestro país. ¡Siempre debemos recordar que nuestro trabajo es poner a América primero!

El siguiente paso hacia adelante en la construcción de una sociedad inclusiva es asegurarse de que cada joven americano reciba una excelente educación y la oportunidad de alcanzar el Sueño Americano. Sin embargo, durante demasiado tiempo, innumerables niños americanos han estado atrapados en escuelas del gobierno que están fracasando. Para rescatar a estos estudiantes, 18 estados han creado una 'opción de escuela' en forma de Becas de Oportunidad. Los programas son tan populares que decenas de miles de estudiantes permanecen en listas de espera. Uno de esos estudiantes es Janiyah Davis, una estudiante de cuarto grado de Filadelfia. La madre de Janiyah, Stephanie, es madre soltera. Ella haría cualquier cosa para darle a su hija un futuro mejor. Pero el año pasado, ese futuro fue puesto más lejos de su alcance cuando el gobernador de Pensilvania vetó la legislación para ampliar la 'opción de escuela' para 50,000 niños.

Janiyah y Stephanie están en la galería esta noche. Pero hay más sobre su historia. Janiyah, me complace informarle que su larga espera ha terminado. ¡Esta noche puedo anunciar con orgullo que una Beca de Oportunidad se encuentra ahora disponible, va para usted, y usted pronto se dirigirá a la escuela de su elección!

Ahora, yo le pido al Congreso que dé a 1 millón de niños americanos la misma oportunidad que Janiyah acaba de recibir. Aprueben la Ley de Becas y Oportunidades para la Libertad de Educación —porque ningún padre debería verse obligado a enviar a su hijo a una escuela gubernamental que esté fracasando.

Toda persona joven debe tener un ambiente a salvo y seguro en el cual pueda aprender y crecer. Por esta razón, nuestra magnífica Primera Dama ha lanzado la iniciativa "Sea Mejor" ["Be Best" en inglés] —para promover una vida segura, saludable, solidaria y libre de drogas para la próxima generación, en línea, en la escuela y

"¡Siempre debemos recordar que nuestro trabajo es poner a América primero!"

en nuestras comunidades. Gracias, Melania, por tu extraordinario amor y profunda preocupación por los niños de América.

Mi Administración está decidida a brindar a nuestros ciudadanos las oportunidades que necesitan, independientemente de su edad o antecedentes. A través de nuestra Promesa a los Trabajadores Americanos, más de 400 compañías también proporcionarán nuevos empleos y oportunidades de educación a casi 15 millones de americanos.

Mi presupuesto incluye también una visión emocionante para las escuelas secundarias de nuestra nación. Esta noche, le pido al Congreso que apoye a nuestros estudiantes y respalde mi plan de ofrecer educación vocacional y técnica en todas las escuelas secundarias de América.

Para expandir la igualdad de oportunidades, también estoy orgulloso de que hemos logrado una financiación récord y permanente para las Facultades y Universidades Históricamente Negras de nuestra Nación.

Una buena vida para las familias americanas también requiere del sistema de salud más asequible, innovador y de alta calidad en la Tierra. Antes de asumir el cargo, las primas de seguros de salud se habían más que duplicado en solo 5 años. Actué rápidamente para proporcionar alternativas asequibles. Nuestros nuevos planes son hasta un 60 por ciento menos costosos. También les he hecho una promesa férrea a las familias americanas: siempre protegeremos a los pacientes con afecciones preexistentes, eso es una garantía. Y siempre protegeremos su 'Medicare' y su Seguridad Social.

El paciente americano nunca debe ser sorprendido por facturas médicas. Es por eso por lo que firmé una Orden Ejecutiva requiriendo transparencia de precios. Muchos expertos creen que la transparencia, que entrará en vigencia a principios del próximo año, será aún más grande que la reforma de salud. Ahorrará a las familias grandes cantidades de dinero para una atención sustancialmente mejor.

Pero al mismo tiempo que trabajamos para mejorar la atención de salud de los americanos, hay quienes quieren quitarle su plan de

"Para expandir la igualdad de oportunidades, también estoy orgulloso de que hemos logrado una financiación récord y permanente para las Facultades y Universidades Históricamente Negras de nuestra Nación".

salud, quieren quitarle su médico y abolir por completo el seguro privado. Ciento treinta y dos legisladores en esta sala han respaldado la legislación para imponer una toma socialista de nuestro sistema de salud, eliminando por completo los planes de seguro médico privados de 180 millones de estadounidenses. Para aquellos que están mirando desde su casa esta noche, quiero que sepan: ¡nunca dejaremos que el socialismo destruya la atención de salud americana!

Más de 130 legisladores en esta cámara han respaldado legislación que llevaría a la bancarrota a nuestra Nación al proporcionar atención de salud gratuita, financiada por los contribuyentes, a millones de extranjeros ilegales, obligando a los contribuyentes a subsidiar la atención gratuita de cualquier persona en el mundo que cruce ilegalmente nuestras fronteras. Estas propuestas saquearían los beneficios de Medicare de los que dependen nuestros adultos mayores, al mismo tiempo que actuarían como atractivo poderoso para la inmigración ilegal. Esto es lo que está sucediendo en California y en otros estados —sus sistemas están totalmente fuera de control, costándoles a los contribuyentes vastas e inasequibles cantidades de dinero. Si forzar a los contribuyentes americanos a brindar atención de salud gratuita ilimitada a extranjeros ilegales le parece justo, entonces póngase de parte de la izquierda radical. Pero, si cree que debemos defender a los pacientes americanos y a los adultos mayores americanos, entonces ¡póngase de mi parte y apruebe la legislación para prohibir la atención de salud gratuita del Gobierno para los extranjeros ilegales!

Esto será un tremendo beneficio para nuestra ya muy fuertemente vigilada frontera sur, donde, en este mismo momento, se está construyendo un muro largo, alto y muy poderoso. Hemos terminado ya más de 100 millas y habremos concluido completamente más de 500 millas para principios del próximo año.

Mi administración también está enfrentando a las grandes compañías farmacéuticas. Hemos aprobado un número récord de drogas genéricas asequibles, y los medicamentos están siendo aprobados por la FDA [sigla de la Administración de Alimentos y Drogas, en inglés] a un ritmo más rápido que nunca. Me complació anun-

"Ciento treinta y dos legisladores en esta sala han respaldado la legislación para imponer una toma socialista de nuestro sistema de salud, eliminando por completo los planes de seguro médico privados de 180 millones de estadounidenses".

ciar el año pasado que, por primera vez en 51 años, el costo de los medicamentos por prescripción realmente disminuyó.

Y trabajando juntos, el Congreso puede reducir los precios de los medicamentos sustancialmente de los niveles actuales. He estado hablando con el senador Chuck Grassley de Iowa y otros en el Congreso para hacer algo respecto al precio de los medicamentos, y hacerlo correctamente. Estoy solicitando una legislación bipartidista que logre el objetivo de reducir drásticamente los precios de los medicamentos de prescripción. Hagan llegar una propuesta de ley a mi escritorio y la firmaré, convirtiéndola en ley, sin demora.

Hemos lanzado nuevas iniciativas ambiciosas para mejorar sustancialmente la atención a los americanos con enfermedades renales, de Alzheimer y a aquellos que tienen dificultades con problemas de salud mental. Y debido a que el Congreso ha financiado mi solicitud, estamos buscando nuevas curas para el cáncer infantil, y erradicaremos la epidemia de SIDA en América para finales de la década.

Con una dedicación inquebrantable, estamos frenando la epidemia de opioides —las muertes por sobredosis de drogas disminuyeron por primera vez en casi 30 años. Entre los estados más afectados, en Ohio han bajado un 22 por ciento, en Pensilvania han bajado un 18 por ciento, en Wisconsin han bajado un 10 por ciento —y no renunciaremos hasta que hayamos derrotado la epidemia de opioides de una vez por todas.

Proteger la salud de los americanos también significa combatir las enfermedades infecciosas. Estamos coordinando con el gobierno chino y trabajando en estrecha colaboración en el brote de Coronavirus en China. Mi Administración tomará todas las medidas necesarias para proteger a nuestros ciudadanos de esta amenaza.

Casi todas las familias americanas conocen el dolor que se siente cuando un ser querido es diagnosticado con una enfermedad grave. Aquí esta noche está un hombre especial, alguien querido por millones de americanos y que acaba de recibir un diagnóstico de cáncer avanzado en Etapa 4. Estas no son buenas noticias, pero lo que sí son buenas noticias es que él es el mejor luchador y ganador que usted jamás haya conocido. Rush Limbaugh: Gracias por sus

"Estamos coordinando con el gobierno chino y trabajando en estrecha colaboración en el brote de Coronavirus en China. Mi Administración tomará todas las medidas necesarias para proteger a nuestros ciudadanos de esta amenaza".

décadas de incansable devoción a nuestro país. Rush, en reconocimiento de todo lo que usted ha hecho por nuestra Nación, los millones de personas al día a quienes les habla e inspira, y todo el increíble trabajo que usted ha hecho para obras de beneficencia, me enorgullece anunciar esta noche que recibirá el mayor honor civil de nuestro país, la Medalla Presidencial de la Libertad. Ahora le pediré a la Primera Dama de los Estados Unidos que por favor se ponga de pie y le haga entrega del honor. ¡Rush, Kathryn, felicidades!

Mientras oramos por todos los que están enfermos, sabemos que América está constantemente logrando nuevos avances médicos. En 2017, los médicos del hospital St. Luke en Kansas City trajeron al mundo a uno de los bebés prematuros más tempranos en sobrevivir. Nacida con solo 21 semanas y 6 días, y con un peso de menos de una libra, Ellie Schneider fue luchadora desde que nació. Gracias a la habilidad de sus médicos —y las oraciones de sus padres— la pequeña Ellie continuó ganando la batalla por su vida. Hoy, Ellie es una niña de 2 años fuerte y saludable que está sentada en la galería con su increíble madre Robin. Ellie y Robin: Estamos tan contentos de que estén aquí.

Ellie nos recuerda que cada niño es un milagro de vida. Gracias a las maravillas médicas modernas, el 50 por ciento de los bebés muy prematuros que nacen en el hospital donde nació Ellie ahora sobreviven. Nuestro objetivo debe ser garantizar que todo bebé tenga la mejor oportunidad de prosperar y crecer justo como Ellie. Es por eso que le pido al Congreso que proporcione $ 50 millones adicionales para financiar investigación neonatal para los pacientes más jóvenes de América. También es por eso por lo que estoy apelando a los miembros del Congreso aquí esta noche para que aprueben una legislación que finalmente prohíba el aborto de bebés en el último término.

Ya sea que seamos republicanos, demócratas o independientes, ¡seguramente debemos todos estar de acuerdo en que toda vida humana es un regalo sagrado de Dios!

Como nosotros apoyamos a las mamás y a los papás de América, recientemente me sentí orgulloso de firmar la ley que proporciona

"Mientras oramos por todos los que están enfermos, sabemos que América está constantemente logrando nuevos avances médicos".

a nuevos padres en la fuerza laboral Federal un permiso de familia remunerado, y que sirve de modelo para el resto del país. Ahora, pido al Congreso que apruebe la Ley bipartidista de Fomento del Apoyo para Familias que Trabajan, que extiende el permiso de familia a madres y padres a lo largo y ancho de la Nación.

Cuarenta millones de familias americanas tienen un promedio de $2,200 adicionales gracias a nuestro crédito tributario por hijo. También he supervisado los aumentos históricos de los fondos para guarderías de alta calidad, permitiendo que 17 estados sirvan a más niños, muchos de los cuales han reducido o eliminado por completo sus listas de espera. Y le envié al Congreso un plan con una visión para expandir aún más el acceso a guarderías de alta calidad y les urjo a actuar inmediatamente.

"...Estados Unidos se unirá a la Iniciativa de Un Billón de Árboles [One Trillion Trees Initiative, en inglés], un ambicioso esfuerzo para unir Gobierno y sector privado para plantar nuevos árboles en América y alrededor del mundo".

Para proteger el medio ambiente, hace unos días, anuncié que Estados Unidos se unirá a la Iniciativa de Un Billón de Árboles [One Trillion Trees Initiative, en inglés], un ambicioso esfuerzo para unir Gobierno y sector privado para plantar nuevos árboles en América y alrededor del mundo.

También debemos reconstruir la infraestructura de América. Les pido que aprueben la ley de autopistas del senador Barrasso — para invertir en nuevas carreteras, puentes y túneles a través de nuestro país.

También estoy comprometido a garantizar que todos los ciudadanos puedan tener acceso a Internet de alta velocidad, incluida la América rural.

Un mejor mañana para todos los americanos también requiere que mantengamos a América a salvo. Eso significa apoyar a los hombres y mujeres de las fuerzas del orden en todos los niveles, incluidos los heroicos funcionarios de ICE [Immigration and Customs Enforcement, en inglés] de nuestra Nación.

El año pasado, nuestros valientes funcionarios de ICE arrestaron a más de 120,000 criminales extranjeros acusados de cerca de 10,000 robos, 5,000 agresiones sexuales, 45,000 agresiones violentas y 2,000 asesinatos.

Trágicamente, hay muchas ciudades en América donde políticos radicales han escogido proporcionar refugio a estos extranjeros ilegales criminales. En las Ciudades Refugio [Sanctuary Cities, en inglés], los funcionarios locales le ordenan a la policía que libere a peligrosos criminales extranjeros para que abusen del público, en lugar de entregarlos a ICE para que sean removidos de manera segura.

Hace solo 29 días, un extranjero criminal liberado por la Ciudad Refugio de Nueva York fue acusado de la brutal violación y asesinato de una mujer de 92 años. El asesino había sido arrestado previamente por asalto, pero bajo las políticas de refugio de Nueva York, fue puesto en libertad. Si la ciudad hubiera cumplido la solicitud de detención de ICE, su víctima estaría viva hoy.

El estado de California aprobó una ley escandalosa que declara que todo su estado es un refugio para inmigrantes ilegales criminales —con resultados catastróficos.

He aquí un solo ejemplo trágico. En diciembre de 2018, la policía de California detuvo a un extranjero ilegal con cinco arrestos previos, incluidas condenas por robo y asalto. Pero como lo exige la Ley de Refugio de California, las autoridades locales lo liberaron.

"En las Ciudades Refugio [Sanctuary Cities, en inglés], los funcionarios locales le ordenan a la policía que libere a peligrosos criminales extranjeros para que abusen del público, en lugar de entregarlos a ICE para que sean removidos de manera segura".

Días más tarde, el extranjero criminal desató un espantoso desmán de violencia mortal. Disparó viciosamente a un hombre que estaba haciendo su trabajo diario; se acercó a una mujer sentada en su auto y le disparó en el brazo y el pecho. Entró en una tienda y disparó salvajemente su arma. Secuestró un camión y estrelló otros vehículos, hiriendo críticamente víctimas inocentes. Una de las víctimas de su sangrienta conducta violenta fue un americano de 51 años llamado Rocky Jones. Rocky estaba en una estación de gasolina cuando este vil criminal le disparó ocho balas a corta distancia, asesinándolo a sangre fría. Rocky dejó atrás una familia fiel, incluidos sus hermanos que lo amaban más que a nadie. Uno de sus afligidos hermanos está aquí con nosotros esta noche. Jody, ¿podría, por favor, ponerse de pie? Jody, nuestros corazones lloran por su pérdida —y no descansaremos hasta que se haga justicia.

El senador Thom Tillis ha introducido una legislación para permitir que americanos como Jody demanden a las Ciudades y Estados Refugio cuando un ser querido es herido o asesinado como resultado de estas políticas mortales. Pido al Congreso que apruebe la Ley de Justicia para las Víctimas de las Ciudades Refugio inmediatamente. Los Estados Unidos de América deben ser un refugio para los americanos respetuosos de la ley —¡no para extranjeros criminales!

"Mi administración ha terminado con la política de Captura y Liberación. Si usted viene ilegalmente, ahora sera removido rápidamente".

En los últimos 3 años, ICE ha arrestado a más de 5,000 malvados traficantes de personas —y yo he firmado 9 leyes para extirpar la amenaza de la trata de personas, a nivel doméstico y alrededor del mundo.

Mi administración ha emprendido un esfuerzo sin precedentes para asegurar la frontera sur de Estados Unidos.

Antes de asumir mi puesto, si usted aparecía ilegalmente en nuestra frontera sur y era arrestado, simplemente era liberado y se le permitía ingresar a nuestro país, y nunca más se le volvía a ver. Mi administración ha terminado con la política de Captura y Liberación. Si usted viene ilegalmente, ahora sera removido rápidamente. Celebramos acuerdos históricos de cooperación con los gobiernos de México, Honduras, El Salvador y Guatemala. Como resultado de nuestros esfuerzos sin precedentes, los cruces ilegales han disminuido un 75 por ciento desde mayo —reduciéndose 8 meses seguidos. Y a medida que se eleva el muro, las incautaciones de drogas aumentan, y los cruces fronterizos disminuyen.

El año pasado, viajé a la frontera en Texas y conocí al Agente de Patrulla Jefe, Raúl Ortiz. Durante los últimos 24 meses, el Agente Ortiz y su equipo han incautado más de 200,000 libras de narcóticos venenosos, arrestado a más de 3,000 contrabandistas de humanos y rescatado a más de 2,000 migrantes. Hace algunos días, el Agente Ortiz fue ascendido a Jefe Adjunto de la Patrulla Fronteriza —y él nos acompaña esta noche. Jefe Ortiz: Por favor, póngase de pie —una nación agradecida le da las gracias a usted y a todos los héroes de la Patrulla Fronteriza.

Para aprovechar estos logros históricos, estamos trabajando en una legislación para reemplazar nuestro sistema de inmigración anticuado y aleatorio por uno basado en mérito, dando la bienvenida a aquellos que siguen las reglas, contribuyen a nuestra economía, se sostienen a sí mismos económicamente y mantienen nuestros valores.

Con cada acción, mi Administración está restaurando el estado de derecho y reafirmando la cultura de libertad americana. Trabajando con el líder de la mayoría del Senado McConnell y sus colegas en el Senado, hemos confirmado un número récord de 187 nuevos jueces federales para defender nuestra Constitución como está escrita. Esto incluye dos brillantes nuevos jueces de la Suprema Corte, Neil Gorsuch y Brett Kavanaugh.

Mi administración también está defendiendo la libertad religiosa, y eso incluye el derecho Constitucional a rezar en las escuelas públicas. En América, no castigamos la oración. No derribamos cruces. No prohibimos los símbolos de fe. No amordazamos a predicadores y pastores. En América, celebramos la fe. Apreciamos la religión. ¡Levantamos nuestras voces en oración y alzamos la vista a la Gloria de Dios!

Así como creemos en la Primera Enmienda, también creemos en otro derecho constitucional que está bajo asedio en todo nuestro país. Mientras yo sea presidente, siempre protegeré vuestro derecho de la Segunda Enmienda de mantener y portar armas.

"...hemos confirmado un número récord de 187 nuevos jueces federales para defender nuestra Constitución como está escrita. Esto incluye dos brillantes nuevos jueces de la Suprema Corte, Neil Gorsuch y Brett Kavanaugh".

Al reafirmar nuestra herencia como una Nación libre, debemos recordar que América siempre ha sido una nación de frontera. Ahora debemos abrazar la próxima frontera, el destino manifiesto de América en las estrellas. Le estoy pidiendo al Congreso que financie completamente el programa Artemis para garantizar que el próximo hombre y la primera mujer en la luna sean astronautas americanos —utilizando esto como plataforma de lanzamiento para garantizar que América sea la primera nación en plantar su bandera en Marte.

Mi administración también está defendiendo fuertemente nuestra seguridad nacional y combatiendo el terrorismo islámico radical. La semana pasada, anuncié un plan innovador para la paz entre Israel y los palestinos. Reconociendo que todos los intentos pasados han fallado, debemos ser decididos y creativos para estabilizar la región y brindar a millones de jóvenes el cambio para realizar un futuro mejor.

Hace tres años, los bárbaros de ISIS tenían más de 20,000 millas cuadradas de territorio en Irak y Siria. ¡Hoy, el califato territorial de ISIS ha sido destruido en un 100 por ciento, y el fundador y líder de ISIS —el asesino sediento de sangre Al-Baghdadi— está muerto!

"Mientras yo sea presidente, siempre protegeré vuestro derecho de la Segunda Enmienda de mantener y portar armas".

Esta noche nos acompañan Carl y Marsha Mueller. Después de graduarse de la universidad, su hermosa hija Kayla se convirtió en trabajadora de ayuda humanitaria. Kayla escribió alguna vez, "Algunas personas encuentran a Dios en la iglesia. Algunas personas encuentran a Dios en la naturaleza. Algunas personas encuentran a Dios en el amor; yo encuentro a Dios en el sufrimiento. Yo he sabido desde hace algún tiempo cual es el trabajo de mi vida, usar mis manos como herramientas para aliviar el sufrimiento". En 2013, mientras atendía en Siria a civiles adoloridos, Kayla fue secuestrada, torturada y esclavizada por ISIS, y mantenida como prisionera del propio Al-Baghdadi. Después de más de 500 horribles días de cautiverio, Al-Baghdadi asesinó a la joven Kayla. Ella sólo tenía 26 años.

La noche en que los Operadores de las Fuerzas Especiales de los Estados Unidos pusieron fin a la miserable vida de Al-Baghdadi, el Presidente del Estado Mayor Conjunto, general Mark Milley, recibió una llamada en la Sala de Estrategia [Situation Room, en inglés]. Le dijeron que los valientes hombres del equipo élite de las Fuerzas Especiales, que tan perfectamente habían llevado a cabo la operación, le habían dado un nombre a su misión —"Task Force 8-14". Era una referencia a un día especial: 14 de agosto — el cumpleaños de Kayla. Carl y Marsha, los guerreros de América nunca olvidaron a Kayla, y nosotros tampoco lo haremos.

Todos los días, los hombres y mujeres en uniforme de América demuestran las infinitas profundidades del amor que habita en el corazón humano.

Uno de estos héroes americanos fue el sargento mayor del ejército Christopher Hake. En su segundo despliegue en Iraq en 2008, el sargento Hake escribió una carta a su hijo de un año, Gage: "Estaré contigo de nuevo", le escribió a Gage. "Te enseñaré a montar tu primera bicicleta, construir tu primera caja de arena, verte practicar deportes y verte también tener hijos. Te amo hijo, cuida a tu madre. Siempre estoy contigo. Papá". El domingo de Pascua de 2008, Chris estaba de patrulla en Bagdad cuando su Vehículo de Combate Bradley fue alcanzado por una bomba puesta al lado de la carretera. Esa noche, él hizo el último sacrificio por nuestro país. El sargento Hake ahora descansa en gloria eterna en Arlington, y su esposa Kelli está en la galería esta noche, acompañada de su hijo, que ahora tiene 13 años. Para Kelli y Gage: Chris vivirá en nuestros corazones para siempre.

El terrorista responsable de matar al sargento Hake fue Qasem Soleimani, quien proporcionó la bomba mortal puesta al lado de la carretera que le quitó la vida a Chris. Soleimani fue el carnicero más despiadado del régimen iraní, un monstruo que asesinó e hirió a miles de militares americanos en Irak. Como principal terrorista del mundo, Soleimani orquestó la muerte de innumerables hombres, mujeres y niños. Él dirigió el asalto de diciembre contra las Fuerzas de los Estados Unidos en Irak, y estaba planeando activamente nuevos ataques. Es por eso que, el mes pasado, por dirección mía, las Fuerzas Armadas de los Estados Unidos ejecutaron un ataque de precisión impecable que mató a Soleimani y puso fin a su diabólico reino de terror para siempre.

Nuestro mensaje a los terroristas es claro: nunca escaparán de la justicia americana. ¡Si atacan a nuestros ciudadanos, pierden su vida!

"Nuestro mensaje a los terroristas es claro: nunca escaparán de la justicia americana. ¡Si atacan a nuestros ciudadanos, pierden su vida!"

En meses recientes, hemos visto a orgullosos iraníes alzar sus voces contra sus gobernantes opresores. El régimen iraní debe abandonar sus intentos de obtener armas nucleares, dejar de difundir el terror, la muerte y la destrucción, y comenzar a trabajar por el bien de su propio pueblo. Debido a nuestras poderosas sanciones, a la economía iraní le está yendo muy mal. Podemos ayudarlos a que le vaya muy bien en un corto período de tiempo, pero tal vez son demasiado orgullosos o demasiado tontos para pedir esa ayuda. Estamos aquí. Veamos qué camino eligen. Depende totalmente de ellos.

Mientras defendemos las vidas americanas, estamos trabajando para poner fin a las guerras de América en el Medio Oriente.

En Afganistán, la determinación y el valor de nuestros combatientes nos han permitido hacer grandes progresos, y las conversaciones de paz están en marcha. No busco matar a cientos de miles de personas en Afganistán, muchas de ellas inocentes. Tampoco es nuestra función servir a otras naciones como una agencia de seguridad. Estos son guerreros, los mejores del mundo, y quieren luchar para ganar o no luchar en absoluto. ¡Estamos trabajando para finalmente poner fin a la guerra más larga de América y traer a nuestras tropas de vuelta a casa!

"Tampoco es nuestra función servir a otras naciones como una agencia de seguridad".

La guerra impone una pesada carga a las extraordinarias familias militares de nuestra Nación, especialmente a cónyuges como Amy Williams de Fort Bragg, Carolina del Norte, y sus 2 hijos —Elliana, de 6 años, y Rowan, de 3 años. Amy trabaja tiempo completo y hace trabajo voluntario durante innumerables horas ayudando a otras familias militares. Durante los últimos 7 meses, ella lo ha hecho todo mientras su esposo, el sargento de primera clase Townsend Williams, está en Afganistán en su cuarto despliegue en el Medio Oriente. Los hijos de Amy no han visto la cara de su padre en muchos meses. Amy, el sacrificio de su familia hace posible que todas nuestras familias vivan con seguridad y en paz —te lo agradecemos.

Como el mundo es testigo esta noche, América es una tierra de héroes. Este es el lugar donde nace la grandeza, donde se forjan los destinos y donde las leyendas cobran vida. Este es el hogar de Thomas Edison y Teddy Roosevelt, de muchos grandes generales, incluidos Washington, Pershing, Patton y MacArthur. Esta es la casa de Abraham Lincoln, Frederick Douglass, Amelia Earhart, Harriet Tubman, los hermanos Wright, Neil Armstrong y muchos más. Este es el país donde los niños aprenden nombres como Wyatt Earp, Davy Crockett y Annie Oakley. Este es el lugar donde los peregrinos desembarcaron en Plymouth y donde los patriotas de Texas se mantuvieron firmes en el Alamo.

La nación americana fue tallada de la vasta frontera por los hombres y mujeres más duros, más fuertes, más feroces y más decididos que han caminado sobre la faz de la Tierra. Nuestros antepasados desafiaron lo desconocido; domaron la tierra salvaje; se asentaron en el salvaje oeste; sacaron a millones de la pobreza, la enfermedad y el hambre; derrotaron la tiranía y el fascismo; condujeron al mundo a nuevas alturas de la ciencia y la medicina; establecieron los ferrocarriles, excavaron canales, levantaron los rascacielos —y, damas y caballeros, nuestros antepasados construyeron la República más excepcional que ha existido en toda la historia humana. ¡Y la estamos haciendo más grande que nunca!

Esta es nuestra herencia gloriosa y magnífica.

Somos americanos. Somos los pioneros. Somos los exploradores. Poblamos el nuevo mundo, construimos el mundo moderno, y cambiamos la historia para siempre abrazando la verdad eterna de que todos son iguales por la mano de Dios Todopoderoso.

¡América es el lugar donde cualquier cosa puede suceder! América es el lugar donde cualquiera puede surgir. Y aquí, en esta tierra, en este suelo, en este continente, ¡los sueños más increíbles se hacen realidad!

Esta Nación es nuestro lienzo, y este país es nuestra obra maestra. Observamos el mañana y vemos fronteras ilimitadas esperando a ser exploradas. Nuestros descubrimientos más brillantes aún no se conocen. Nuestras historias más emocionantes aún no se cuentan. Nuestros viajes más grandiosos aún no se han realizado. ¡La Era Americana, la Epopeya Americana, la Aventura Americana, sólo acaba de comenzar!

Nuestro espíritu aún es joven; el sol aún está saliendo; La gracia de Dios aún sigue brillando; y compatriotas americanos míos, ¡lo mejor está por venir!

Gracias. Que Dios los bendiga. Que Dios bendiga a América.

> *"nuestros antepasados construyeron la República más excepcional que ha existido en toda la historia humana. ¡Y la estamos haciendo más grande que nunca!"*

Fuente: The White House
https://www.whitehouse.gov/briefings-statements/remarks-president-trump-state-union-address-3/

28

DAVID IGNATIUS
10 de marzo, 2020

La reacción de Trump contra China se ve recompensada con una importante victoria

China conduce su campaña por la influencia global sigilosamente, en parte ganando el control de agencias de la ONU poco conocidas pero influyentes. El Departamento de Estado decidió el verano pasado reaccionar con fuerza —y acaba de obtener una victoria potencialmente importante para la protección de los derechos tecnológicos globales.

El éxito diplomático de Estados Unidos se produjo el miércoles pasado, cuando la Organización Mundial de la Propiedad Intelectual (OMPI) votó 55 a 28 para respaldar a un candidato apoyado por Estados Unidos, Daren Tang de Singapur, por encima del candidato de China, Wang Binying. Los chinos se quejaron de que los americanos habían presionado a otros países para respaldar el escogimiento de los Estados Unidos, y tenían razón.

La votación de la OMPI es una señal alentadora de que la administración Trump está tomando un papel más activo y progresivo en las organizaciones internacionales, en lugar de ceder el terreno a los chinos. Estas organizaciones son especialmente importantes ahora, cuando el mundo enfrenta problemas globales como el nuevo coronavirus y el cambio climático.

"Es bueno que la administración haya decidido en cambio aguantar y luchar".

Funcionarios de la administración dicen que el secretario de Estado Mike Pompeo se molestó en junio pasado cuando Qu Dongyu de China fue elegido director general de la FAO [Organización de la Naciones Unidas para la Alimentación y la Agricultura, siglas en inglés] por una mayoría dispareja de sus 191 miembros. La victoria de China en la FAO vino después de la reelección en 2018 de su candidato Houlin Zhao como secretario general de la Unión Internacional de Telecomunicaciones y la reelección en 2018 de Fang Liu, veterano de la burocracia de aviación civil de China, para dirigir la Organización de Aviación Civil Internacional.

La OMPI y las otras agencias pueden sonar como puestos remotos obscuros y burocráticos, pero ayudan a dar forma a los estándares y reglas para el comercio global. La OMPI registra 250,000 solicitudes de patentes cada año, incluidas más de 55,000 de los Estados Unidos, y tiene la responsabilidad de mantenerlas en secreto durante 18 meses hasta que sean publicadas. El director general "ejerce control sobre todos los aspectos de las operaciones de la OMPI", según James Pooley, un antiguo subdirector general de la OMPI.

Lo que era especialmente irritante para los funcionarios estadounidenses era que China, que el FBI considera como el principal ladrón de la propiedad intelectual, estaría guardando los secretos. Pompeo dijo al felicitar a Tang que su victoria era "buena para el mundo" y que "avanzaría la misión central de la OMPI" de proteger la innovación tecnológica y los derechos de propiedad.

Ganarle a China en el juego de la influencia global no es fácil. Requiere el equivalente diplomático básico de bloquear y derribar. El año pasado, el departamento de Estado comenzó a movilizar el apoyo para oponerse al candidato de China a la OMPI. "Sabemos que los estados recibieron una combinación de amenazas y de promesas de incentivos" por parte de Beijing, dijo un alto funcionario del departamento de Estado.

"La OMPI registra 250,000 solicitudes de patentes cada año, incluidas más de 55,000 de los Estados Unidos..."

Los embajadores de EEUU reaccionaron influenciando gobiernos alrededor del mundo, reclutando aliados claves como Gran Bretaña, Francia, Alemania, Japón y Australia, para oponerse a la campaña china. Dos diplomáticos de alto rango viajaron a África y a América Latina para instar allí a los países a que se apartaran de los candidatos regionales en la segunda vuelta de la votación. A partir de enero, Pompeo se reunió personalmente o llamó a altos funcionarios de 28 países acerca del tema.

Para un departamento de Estado que estaba herido por la tensión entre los diplomáticos de carrera y los funcionarios políticos durante la larga investigación de Ucrania, la pelea en la OMPI fue una oportunidad bienvenida para halar en la misma dirección. "Esta campaña mostró al edificio trabajando en conjunto", dijo el subsecretario David Hale, el principal funcionario de carrera del departamento, en una entrevista.

"La próxima gran prueba diplomática global será el gobierno de Internet..."

"Han pasado años desde la última vez que vencimos a los chinos en algo como esto", dijo un asesor cercano a Pompeo. Este funcionario le dio el crédito "realmente al buen trabajo de nuestros funcionarios de carrera del servicio exterior" por la victoria en la OMPI, un sentimiento que no siempre se escucha por parte de esta administración.

La próxima gran prueba diplomática global será el gobierno de Internet. Rusia, con el respaldo de China, obtuvo la aprobación de la Asamblea General de la ONU a fines de diciembre para redactar un nuevo tratado sobre crimen informático para reemplazar la Convención de Budapest respaldada por Estados Unidos, a pesar de que muchos analistas ven a Rusia como una amenaza en el ciberespacio.

El departamento de Estado inicialmente pareció haber sido sorprendido dormido sobre la votación del tratado, pero el alto funcionario dijo que la administración reconoce que "Rusia está interesada en socavar" el régimen de ciberseguridad existente. "Estamos coordinando con socios internacionales para garantizar que cualquier negociación del tratado sea justa, constructiva y se esfuerce por lograr un mayor consenso en los esfuerzos globales para combatir el delito cibernético", explicó el funcionario.

El pánico global por el coronavirus nos recuerda por qué es tan importante un "orden basado en reglas" liderado por Estados Unidos. Sin cooperación global, es imposible coordinar esfuerzos para contener y mitigar enfermedades, robo de propiedad intelectual o cualquier otra cosa. Un enfoque de "América Primero" que dependa solo de la soberanía está condenado al fracaso. Los chinos han sido hábiles en jugar la carta internacional. A medida que Washington dejó de involucrarse, Beijing se movió hacia adelante.

La administración Trump podía haber pasado en la OMPI — dejar que los chinos ganaran la elección y luego renunciar a la organización en protesta. En ese caso, "el peor infractor estaría a cargo" de proteger la tecnología, dijo el alto funcionario. Es bueno que la administración haya decidido en cambio aguantar y luchar.

"El pánico global por el coronavirus nos recuerda por qué es tan importante un "orden basado en reglas" liderado por Estados Unidos".

Fuente: The Washington Post
https://www.washingtonpost.com/opinions/global-opinions/us-diplomats-scored-a-quiet-but-important-win-against-china/2020/03/10/64dd0fdc-62fb-11ea-845d-e35b0234b136_story.html

29

MARC A. THIESSEN
26 de marzo, 2020

Trump entiende lo que sus críticos no: el confinamiento actual es insostenible

"...al comienzo de una pandemia, la estrategia correcta es aceptar un alto riesgo económico para mitigar los riesgos para la salud pública de un patógeno nuevo y desconocido".

El presidente Trump disfruta de un 60 por ciento de aprobación por su manejo de la pandemia del coronavirus, pero eso no ha impedido que sus críticos hayan intentado avivar la indignación pública a costa suya.

Después de que el presidente expresara la expectativa de que el medicamento contra la malaria, la cloroquina, estaba mostrando señales de éxito como tratamiento para el coronavirus, las organizaciones de noticias trataron de culparlo por la muerte de un hombre de Arizona que se automedicó solvente para acuarios que contenía una forma diferente de la sustancia. "Hombre muere después de tomar droga promocionada como tratamiento para coronavirus por Trump", declaró CBS News. No, él no lo hizo. Trump nunca sugirió que nadie se automedicara con limpiador de acuarios.

Ahora, la última fuente de indignación es el anuncio del presidente de que quiere comenzar a levantar el actual confinamiento económico para la Pascua. En una conferencia de prensa el martes, Trump dijo que su "objetivo es aflojar las pautas y abrir las cosas en secciones muy grandes de nuestro país" y que "espero que podamos hacer esto para la Pascua", pero agregó que "nuestra decisión se basará en hechos y datos concretos".

No hay absolutamente nada de malo en esto. Toda vida importa. Es por eso por lo que al comienzo de una pandemia, la estrategia correcta es aceptar un alto riesgo económico para mitigar los riesgos para la salud pública de un patógeno nuevo y desconocido. Trump efectivamente ordenó una recesión —pidiendo a las empresas que cerraran y a los trabajadores que se quedaran en casa— para frenar la propagación del virus para que los funcionarios de salud pública pudieran aprender cómo se comporta, desarrollar nuestra capacidad de pruebas y aumentar la producción de elementos de protección, ventiladores y la capacidad hospitalaria para las áreas más afectadas, así como el desarrollo de terapias para tratarlo.

Pero con el tiempo, a medida que logramos manejar el brote, necesitamos comenzar a ajustar nuestra toma de decisiones para equilibrar el riesgo con el costo masivo que el confinamiento le está causando al pueblo americano. Si bien los periodistas pueden teletrabajar, millones de americanos que no lo pueden hacer están perdiendo sus carreras y los negocios que se gastaron toda una vida construyendo. Un cierre económico prolongado también provocará muertes, en forma de mayores tasas de depresión, abuso de sustancias y suicidio.

"...a medida que logramos manejar el brote, necesitamos comenzar a ajustar nuestra toma de decisiones para equilibrar el riesgo con el costo masivo que el confinamiento le está causando al pueblo americano".

El presidente entiende que necesitamos una estrategia sostenible para vencer al virus y que el confinamiento actual es insostenible. Un récord de 3.28 millones de americanos solicitaron beneficios de desempleo la semana pasada, y los economistas advierten que el producto interno bruto podría disminuir en aproximadamente un 30 por ciento en el segundo trimestre como resultado del confinamiento. Esto no puede continuar indefinidamente.

La ley de ayuda de emergencia nos compra un poco más de tiempo, pero a un costo enorme. Estamos tomando prestados $2 billones de nuestros hijos y nietos para que el gobierno pueda reemplazar efectivamente los ingresos perdidos y los cheques de pago de millones de empresas y trabajadores en los Estados Unidos. Nosotros no podemos hacer eso por siempre. Y reemplazar el ingreso perdido no reemplaza la dignidad del trabajo.

"...'¿cuántas muertes está dispuesto a aceptar?' para restablecer el crecimiento, Trump respondió 'ninguna' ".

Nadie en la Casa Blanca está sugiriendo que sacrifiquemos a los ancianos o los vulnerables. A la pregunta de un periodista "¿cuántas muertes está dispuesto a aceptar?" para restablecer el crecimiento, Trump respondió "ninguna". Más bien, el objetivo es llevar a este país al mismo punto de Corea del Sur, que efectivamente ha contenido el virus sin poner en cuarentena a decenas de millones de personas. Los surcoreanos lo hicieron siguiendo una estrategia de "Rastreo, Prueba y Tratamiento" —utilizando pruebas en masa para aislar a los infectados y al mismo tiempo permitir que las personas sanas continuaran con sus vidas. Corea del Sur ha podido hacer esto porque pudo realizar pruebas en un comienzo. Nosotros no lo hemos hecho porque perdimos seis semanas cruciales para incrementar las pruebas gracias a la incompetencia de la Administración de Drogas y Alimentos [Food and Drug Administration, FDA, en inglés] , que se negó a permitir que laboratorios avanzados privados y académicos desarrollaran pruebas de coronavirus. Solo en marzo se levantaron las restricciones de la FDA y los laboratorios externos recibieron luz verde para comenzar las pruebas.

Llevará tiempo ponerse al día, pero una vez que lleguemos a ese punto en el que podamos hacerle una prueba a cualquiera, podemos comenzar a entender dónde se pueden aliviar los confinamientos. Como dijo Anthony S. Fauci el martes, "las áreas del país que no son focos ... todavía tienen una oportunidad de grado significativo de poder contener" el virus. Puede ser que en estas partes del país en donde no hay muchos casos, podamos comenzar a seguir el enfoque de Corea del Sur pronto, mientras que los lugares más duramente afectados como Nueva York puedan necesitar mantener un confinamiento por muchos meses.

¿Pasará eso para la Pascua? Tal vez, tal vez no. Como dice Fauci, necesitamos ser flexibles y seguir la evidencia. Pero ello tiene que suceder eventualmente.

Fuente: The Washington Post
https://www.washingtonpost.com/opinions/2020/03/26/trump-understands-what-his-critics-dont-current-lockdown-is-unsustainable/

30

NADIA SCHADLOW
5 de abril, 2020

Considere la posibilidad de que Trump tenga razón en cuanto a China

"...el mundo es una arena competitiva en la que grandes potencias rivales como China buscan ventaja..."

Cuando un nuevo coronavirus surgió en China y comenzó a extenderse por todo el mundo, incluso en los Estados Unidos, muchos críticos del presidente Donald Trump en el establecimiento de la política exterior americana se precipitaron a identificarlo como parte del problema. Trump había hecho campaña con una política exterior de "América primero", que después de su victoria quedó consagrada en la Estrategia de Seguridad Nacional oficial que su administración publicó en 2017. En ese entonces, yo servía en la administración y orquesté la redacción de ese documento. En los años siguientes, Trump ha sido criticado por supuestamente revertir el orden posterior a la Segunda Guerra Mundial y rechazar el papel que los Estados Unidos han jugado durante mucho tiempo en el mundo. En medio de una pandemia mundial, está siendo acusado —en este sitio y en otros lados— de alienar aliados, socavar la cooperación multinacional y causar que América luche sola contra el coronavirus.

Y aún a pesar de que la emergencia actual le ha dado la razón en aspectos fundamentales —sobre China específicamente y sobre la política exterior en general— muchas personas respetables en los Estados Unidos están dejando que su desdén por el presidente los ciegue para ver lo que realmente está sucediendo en el mundo. Lejos de desacreditar el punto de vista de Trump, la crisis COVID-19 revela lo que su estrategia aseveró: que el mundo es una arena competitiva en la que grandes potencias rivales como

China buscan ventaja, que el estado sigue siendo el agente irreemplazable del poder y de la acción efectiva internacionales, que las instituciones internacionales tienen una capacidad limitada para transformar el comportamiento y las preferencias de los estados.

China, el rival más poderoso de América, ha jugado un papel particularmente dañino en la crisis actual, que comenzó en su territorio. Inicialmente, la falta de transparencia de ese país impidió la acción rápida que tal vez hubiera contenido el virus. En Wuhan, el epicentro del brote, los funcionarios chinos inicialmente castigaron a los ciudadanos por "difundir rumores" sobre la enfermedad. El laboratorio en Shanghai que publicó por primera vez el genoma del virus en plataformas abiertas fue cerrado al día siguiente para una "rectificación", como reportó en febrero el South China Morning Post con sede en Hong Kong. Aparentemente, por mandato de los funcionarios de la comisión de salud de Wuhan, indican reportes de prensa, se impidió a los equipos de expertos visitantes de otras partes de China hablar libremente con los médicos de los pabellones de enfermedades infecciosas. Algunos expertos habían sospechado la transmisión de persona a persona, pero sus questionamientos fueron despreciados. "No nos dijeron la verdad", dijo el miembro de un equipo sobre las autoridades locales, "y por lo que ahora sabemos de la verdadera situación, nos mintieron".

Ahora los propagandistas de China están compitiendo para crear una narrativa que oscurezca los orígenes de la crisis y que culpe a Estados Unidos por el virus. Este comportamiento irresponsable y la falta de transparencia han revelado lo que la Estrategia de Seguridad Nacional de Trump había identificado desde un principio: que "contrario a nuestras esperanzas, China ha expandido su poder a expensas de los demás". En lugar de convertirse en un "accionista responsable" —un término que la administración de George W. Bush usó para describir el papel que esperaba que Beijing desempeñara luego de la entrada de China a la Organización Mundial de Comercio [WTO, en inglés] en 2001— el Partido Comunista Chino ha utilizado las ventajas de la membresía en la OMC para promover un sistema político y económico que no concuerda con la sociedad libre y abierta de América. Los documentos de Estrategia de Seguridad Nacional anteriores habían andado con rodeos en torno a la conducta adversaria de China,

"...el Partido Comunista Chino ha utilizado las ventajas de la membresía en la OMC para promover un sistema político y económico que no concuerda con la sociedad libre y abierta de América".

como si señalar a ese país como competidor —como lo hizo inequívocamente el documento de 2017— fuera de alguna manera descortés.

Pero en algún punto, una administración americana necesitaba mover la conversación alejándola de las esperanzas de una futura China imaginaria a las realidades de la conducta del Partido Comunista —lo cual no es ningún secreto. Durante la década y media anterior a 2017, los líderes republicanos y demócratas se preocuparon públicamente por la falta de voluntad de China de ajustarse a las reglas, pero se mostraron reacios a lidiar directamente con el gobierno autoritario y la economía estatista de China. La bipartidista Comisión de Seguridad Económica EE.UU - China ha señalado consistentemente las prácticas injustas de China. En 2010, el presidente Barack Obama vapuleó a China ante el G-20 por la manipulación de su moneda. La necesidad de competir efectivamente con las políticas del Partido Comunista Chino es uno de los pocos puntos de acuerdo entre Trump y la presidenta de la Cámara de Representantes, Nancy Pelosi. Aún a medida de que busca encontrar maneras de concluir acuerdos comerciales recíprocos, su administración no ha perdido de vista el ascenso agresivo de China.

Al menos tan controvertido como la crítica de Trump a China es su énfasis en la importancia de la soberanía y su insistencia en que los estados soberanos fuertes son los principales agentes de cambio. Pero los estados son la base de la gobernabilidad democrática y, fundamentalmente, de la seguridad. Son los ciudadanos de los estados quienes votan y hacen responsables a los líderes. Y son los estados los que son la base del poder militar, político y económico en alianzas como la OTAN, o en organizaciones como las Naciones Unidas.

El énfasis de Trump en proteger la soberanía de los EE. UU. puso al rojo vivo un candente debate nacional sobre los costos ignorados de la globalización. Una adhesión ciega a lo que el economista Dani Rodrik ha llamado "hiperglobalización"—la idea de que los intereses de las grandes corporaciones y el principio de la integración del mercado prevalecen sobre la prosperidad y la seguridad económica ampliamente compartidas— se ha dado a expensas de

"La necesidad de competir efectivamente con las políticas del Partido Comunista Chino es uno de los pocos puntos de acuerdo entre Trump y la presidenta de la Cámara de Representantes, Nancy Pelosi".

la industria doméstica. Durante años, las personas que se quejaron de estas consecuencias fueron desestimadas como aislacionistas o como que estaban "en el lado equivocado de la historia".

La experiencia del coronavirus demuestra que la interacción económica no ocurre en un vacío de competencia geopolítica. La dependencia de China en equipos médicos cruciales a lo largo de la pandemia ha resaltado los peligros de una economía hiperglobalizada. Los expertos habían advertido sobre la dependencia americana en ingredientes claves para drogas provenientes de China. El Wall Street Journal ha informado que China es el único fabricante de ingredientes claves para ciertas clases de medicamentos, incluidos antibióticos probados para tratar un rango de infecciones bacterianas tales como la neumonía. La dependencia americana de proveedores chinos para otros productos farmacéuticos y suministros médicos también es preocupante. Los americanos no deben depender de un estado rival autoritario para la salud de sus ciudadanos —al igual que Estados Unidos y otras sociedades libres y abiertas no deberían dar a las compañías chinas, y por extensión al Partido Comunista Chino, control sobre la infraestructura de comunicaciones y datos personales sensibles.

"Los americanos no deben depender de un estado rival autoritario para la salud de sus ciudadanos..."

Muchos de los críticos del presidente Trump en la comunidad de política exterior le dan gran importancia a la capacidad de las organizaciones multilaterales e internacionales para restringir el mal comportamiento de China y de otros estados. Estas organizaciones, cuando están en su mejor momento, promueven acciones concertadas contra problemas comúnmente reconocidos. Pero los críticos de Trump tienden a verlas principalmente en su forma idealizada y como instrumentos centrales para resolver problemas globales y promover valores compartidos por todos. En la práctica, sin embargo, el desempeño de las organizaciones internacionales está profundamente influenciado por las relaciones de poder entre los estados miembros.

Los líderes de China se han vuelto bastante hábiles para usar estos organismos para perseguir sus propios intereses. El presidente Xi Jinping ha convertido en una prioridad —como lo expresó en un discurso de 2018— el "reformar" y liderar en el "sistema de gobernanza global", considerando tales esfuerzos como integrales para "construir un país socialista moderno y fuerte". A pesar de su historial de robo de tecnologías patentadas, China trató de liderar la Organización Mundial de la Propiedad Intelectual, un esfuerzo frustrado por Washington. Las compañías tecnológicas chinas también han tratado de inducir a las Naciones Unidas a adoptar sus estándares de reconocimiento facial y vigilancia, para despejar el camino para el despliegue de sus tecnologías en todo el mundo.

La Estrategia de Seguridad Nacional de la administración Trump desafió la suposición de que las organizaciones internacionales siempre están impulsadas por un bien global común. La influencia indebida de China en organizaciones internacionales claves fue evidente más recientemente, cuando la Organización Mundial de la Salud dudó en declarar al COVID-19 una emergencia de salud pública de interés internacional. Los funcionarios de la OMS amplificaron las primeras afirmaciones de los funcionarios chinos de que el virus no representaba ningún peligro de transmisión de persona a persona. La cabeza de la organización incluso felicitó al alto liderazgo de China por su "disposición para compartir información". Aparentemente, buscando evitar la ira de Beijing, la OMS se negó a responder a las primeras preocupaciones de Taiwán sobre la transmisión de persona a persona del brote del virus en Wuhan.

La experiencia del COVID-19, aunque lejos de haber terminado, ha generado pruebas contundentes de que, si bien la OMS y otras organizaciones internacionales son importantes para el intercambio y coordinación de información, las naciones continúan haciendo el trabajo pesado. Los Estados Unidos siguen siendo el mayor contribuyente a la OMS, pagando alrededor del 15 por ciento del presupuesto de la organización —en comparación con el 0.21 por ciento de China. A principios de marzo, Trump firmó una ley de apropiaciones suplementarias que incluyó $1,300 millones adicionales en asistencia extranjera de EE. UU. para la respuesta a la pandemia. Más recientemente, el secretario de estado Mike Pompeo anunció $274 millones adicionales en fondos de emergencia

"Los Estados Unidos siguen siendo el mayor contribuyente a la OMS, pagando alrededor del 15 por ciento del presupuesto de la organización —en comparación con el 0.21 por ciento de China".

para países en riesgo. Esta ayuda no viene con las condiciones que China le impone a su ayuda.

Contrariamente a lo que argumentan los críticos, "América primero" no significa "América sola". El que Trump tal vez esté introduciendo los correctivos necesarios a la hiperglobalización perseguida por las administraciones anteriores, está generando una grave disonancia cognitiva en algunos sectores. Y la realidad es que sólo una organización en el mundo entero tiene como su exclusiva responsabilidad la seguridad del pueblo americano. Esa institución es el gobierno de los Estados Unidos. Ya sea liderada por republicanos o demócratas —o por Donald Trump o cualquier otra persona— siempre debe poner al pueblo americano primero.

"Contrariamente a lo que argumentan los críticos, 'América primero' no significa 'América sola'".

Fuente: The Atlantic
https://www.theatlantic.com/ideas/archive/2020/04/consider-possibility-trump-right-china/609493/

31

DANIELLE ALLEN
4 de mayo, 2020

La estrategia de la Casa Blanca para la reapertura está convergiendo

"...la primera y más importante parte de esa estrategia es una herramienta de control de enfermedades lo suficientemente potente como para reemplazar las órdenes colectivas de quedarse en casa".

Pieza por pieza, la Casa Blanca ha comenzado a entregar una estrategia de control de enfermedades que podría permitirnos abrir la economía de manera segura y mantenerla abierta, evitando una segunda ola de covid-19. Necesitamos identificación y manejo masivos de casos infecciosos, orientación para proteger a los trabajadores esenciales y, eventualmente, a todos los trabajadores y, finalmente, una cadena de suministros capaz de apoyar el esfuerzo a nivel nacional.

Como yo he argumentado aquí frecuentemente, la primera y más importante parte de esa estrategia es una herramienta de control de enfermedades lo suficientemente potente como para reemplazar las órdenes colectivas de quedarse en casa. Esa herramienta es pruebas, rastreo de contactos y aislamiento financiado utilizados a escala. Requiere alrededor de 5 millones de pruebas al día para la plena incorporación de la fuerza laboral a un régimen estable. El presidente Trump respaldó este objetivo el miércoles pasado. Es un objetivo ambicioso, y es bueno fijar nuestras miras así de alto. Somos la América que todo lo puede, y podemos hacerlo.

La segunda pieza de la estrategia es una visión clara de lo que necesitan los trabajadores esenciales, en particular. La economía no ha estado cerrada para casi un 40 por ciento de la fuerza laboral. Estos empleados esenciales son trabajadores de la salud; funcionarios de seguridad pública, tales como el personal de policía y de bomberos, y guardias en nuestras cárceles y prisiones; personal en instalaciones de hogares de ancianos; trabajadores de transporte; y marineros de la Armada. Son trabajadores en la cadena de suministro de alimentos, desde el empaque de carne hasta la agricultura. Son trabajadores de supermercados. El virus se ha extendido ampliamente entre ellos. Constituyen una parte significativa de nuestras víctimas.

"...se estima que el 25 por ciento de los portadores infecciosos son asintomáticos. No podemos controlar la enfermedad si no evaluamos a las personas asintomáticas".

Aquí, también, la Casa Blanca sabe lo que se necesita. La fuerza laboral esencial de la nación incluye al presidente y al vicepresidente. Podemos ver los protocolos utilizados para ellos. Cuando se le preguntó al vicepresidente Pence sobre el no haber usado una máscara en la Clínica Mayo, la explicación dada fue que él y el presidente son evaluados semanalmente, y aquellos que interactúan con ellos son evaluados antes de las reuniones. Esto les ha dado a ambos hombres una sensación de su propia seguridad lo suficientemente sólida como para sentirse confiados al viajar e incluso al interactuar en contextos de alta exposición sin máscara. Si bien no podemos evaluar a todos los trabajadores esenciales semanalmente —el volumen de pruebas requeridas sería demasiado grande— podemos hacer que las pruebas estén ampliamente disponibles para los trabajadores esenciales y complementarlas con rastreo de contactos (y el uso de máscaras) —para lograr un nivel similar de seguridad para ellos. El reconocimiento posterior de Pence de que debía haber usado una máscara en la Clínica Mayo resalta el valor de las máscaras.

Los cambios en las pautas de orientación de los Centros para el Control y la Prevención de Enfermedades [CDC, en inglés] reflejan esa postura más ambiciosa sobre las pruebas. La pauta dada el 24 de marzo designó la evaluación de individuos asintomáticos como "no una prioridad". Pero se estima que el 25 por ciento de los portadores infecciosos son asintomáticos. No podemos controlar la enfermedad si no evaluamos a las personas asintomáticas.

En la guía más reciente, publicada el domingo, la primera prioridad es para los pacientes hospitalizados, los miembros de servicios de emergencia con síntomas y los residentes en contextos de vida congregada, con síntomas. Pero una segunda categoría de prioridad incluye individuos asintomáticos de grupos que experimentan impactos dispares de la enfermedad y "personas sin síntomas que son priorizadas por los departamentos de salud o los médicos, por cualquier motivo, incluyendo pero no limitados a: monitoreo de salud pública, vigilancia centinela o identificación de otras personas asintomáticas de acuerdo con los planes estatales y locales".

La última frase, refiriéndose a la identificación de "individuos asintomáticos de acuerdo con los planes estatales y locales", apoya las evaluaciones amplias de contactos de individuos positivos por covid-19 y trabajadores esenciales, incluso cuando tienen síntomas leves o ningún síntoma. La estrategia dentro de la Casa Blanca es un buen ejemplo del tipo de plan hiperlocal que el CDC ahora permite. Así que tomen nota, estados y municipios: tal como lo ha hecho la Casa Blanca, es hora de redactar sus planes.

La pieza final de la estrategia es la cadena de suministro. Actualmente evaluamos a unas 250,000 personas por día, pero podríamos apretujar hasta un millón por día con la infraestructura actual de pruebas. La administración está trabajando para alcanzar ese objetivo, de ahí la reciente megaorden del departamento de Defensa de 20 millones de hisopos al mes, duplicando la producción de hisopos. Además, como señala el plan de pruebas de la Casa Blanca, varias vías de innovación podrían generar múltiples millones. Los laboratorios universitarios de investigación están desarrollando protocolos no patentados para aumentar el rendimiento de las pruebas estándar de reacción en cadena de la polimerasa (PCR) [Polymerase Chain Reaction, en inglés] para covid-19; los ejemplos incluyen el Instituto Broad en Massachusetts y la Universidad de Washington. Otros laboratorios —por ejemplo, una empresa llamada Gingko Bioworks, en colaboración con investigadores de UCLA y MIT—están desarrollando protocolos de recolección y procesamiento de muestras que podrían reutilizar las máquinas de próxima generación de secuenciación del genoma para ejecutar un millón de pruebas covid-19 por día. En combinación con los avances recientes en las pruebas de saliva que simplifican el proceso de prueba al eliminar la necesidad de hisopos, los equipos de protección personal y el transporte de muestras biopeligrosas, tenemos las herramientas que necesitamos para probar millones por día. El Congreso debería financiar rápidamente un

"Los laboratorios universitarios de investigación están desarrollando protocolos no patentados para aumentar el rendimiento de las pruebas estándar de reacción en cadena de la polimerasa (PCR)..."

proceso de revisión al estilo DARPA para identificar qué proyectos pueden demostrar capacidad de calidad a mayor escala.

Todos los que podemos ayudar a crear esa cadena de suministro de innovación deberíamos estar dedicando cada onza de energía que tengamos para hacerlo. Es la clave para una reapertura segura en la que logremos permanecer abiertos, sin aplicaciones repetidas de las reglas generales de permanencia en el hogar. Ésta es salud pública que salva vidas y medios de vida.

Estamos en camino, América, pero necesitaremos toda onza de voluntad e ingenio.

"Ésta es salud pública que salva vidas y medios de vida".

Fuente: The Washington Post
https://www.washingtonpost.com/opinions/2020/05/04/were-inching-closer-safe-reopening-plan-heres-what-else-we-need/

32

FAREED ZAKARIA
14 de mayo, 2020

Los expertos tienen puestos de trabajo. Ellos necesitan entender a quienes no los tienen

"...los líderes tienden a ser profesionales urbanos y con educación universitaria, a menudo con un título de posgrado. Eso los hace bastante distintos a la mayor parte del resto del país".

Si alguien pensó que una pandemia global que hasta ahora ha matado a más de 80,000 americanos anularía la profunda división partidista del país, que lo piense de nuevo. Resulta que los demócratas son significativamente más propensos que los republicanos a creer que la pandemia es grave y a seguir las pautas de los Centros para el Control y la Prevención de Enfermedades. Los datos de teléfonos celulares muestran que las personas en condados que votaron por Donald Trump se han estado moviendo más que aquellos en condados que votaron por Hillary Clinton.

Esto ha llevado a muchos a preguntarse por qué el partidismo se ha vuelto tan fuerte en los Estados Unidos que la gente no escucha a los expertos, incluso a riesgo de su propia salud. Pero hay una desconfianza más amplia que debemos entender. La reconocí al leer un libro que no trata sobre covid-19 en absoluto, pero que ilumina fuertemente la situación. Al explicar por qué tantas personas en Occidente han rechazado el establecimiento gubernamental, Michael Lind escribe, "El problema no es el problema... El problema es el poder. El poder social existe en tres ámbitos —el gobierno, la economía y la cultura. Cada uno de estos tres ámbitos de poder social es el sitio de conflicto de clases".

El libro de Lind, "The New Class War", argumenta que la mejor manera de entender a América hoy en día es a través del lente del

"Para mucha gente sin educación universitaria, especialmente para aquellos que viven en áreas rurales, existe una profunda alienación por parte de esta nueva élite".

conflicto de clases, que se ha agudizado por el surgimiento de una "clase alta" que domina las tres esferas que él menciona. En todas tres, los líderes tienden a ser profesionales urbanos y con educación universitaria, a menudo con un título de posgrado. Eso los hace bastante distintos a la mayor parte del resto del país. Solo el 36 por ciento de los americanos tiene una licenciatura y solo el 13 por ciento tiene una maestría o más. Y, sin embargo, los niveles superiores en todas partes están llenos de esta "acreditada clase alta".

Para mucha gente sin educación universitaria, especialmente para aquellos que viven en áreas rurales, existe una profunda alienación por parte de esta nueva élite. Ven a la clase alta como promulgando políticas que se presentan como buenas para todo el país, pero que en realidad benefician principalmente a las personas de la clase dominante, cuyas vidas han mejorado en las últimas décadas, mientras que al resto lo han dejado atrás. Desde este punto de vista, el comercio y la inmigración ayudan a los profesionales con educación universitaria que trabajan para empresas multinacionales pero perjudican a los obreros. Así que cuando escuchan a los "expertos" sobre la inevitabilidad de la globalización y del cambio tecnológico, y la necesidad de aceptarlos, se resisten. Ello no resuena con su experiencia vivida.

Miremos la crisis del covid-19 a través de este prisma. Imagínese que usted es un americano que trabaja con sus manos —un conductor de camión, un trabajador de la construcción, un mecánico de una plataforma petrolera— y acaba de perder su trabajo debido a los confinamientos, al igual que más de 36 millones de personas. Enciende la televisión y escucha a expertos médicos, académicos, tecnócratas y periodistas explicar que debemos mantener la economía cerrada —en otras palabras, mantenerlo a usted desempleado— porque la salud pública es importante. Todas estas personas que defienden el argumento tienen puestos de trabajos, han mantenido su niveles de vida y, de hecho, tienen ahora una mayor demanda. Se sienten como que están haciendo un trabajo importante. Usted, por otro lado, ha perdido su trabajo. Siente una sensación de inutilidad y teme por la supervivencia cotidiana de su familia. ¿Es tan difícil entender por qué personas como estas pueden ser escépticas con los expertos?

"Del 25 por ciento superior de generadores de ingreso, más del 60 por ciento pueden quedarse en casa y aún así seguir haciendo su trabajo. Del 25 por ciento inferior, menos del 10 por ciento pueden hacer lo mismo".

La discrepancia del covid-19 es una discrepancia de clase. La Oficina de Estadísticas Laborales publicó un informe el año pasado sobre las "flexibilidades laborales" de los empleados estadounidenses. Del 25 por ciento superior de generadores de ingreso, más del 60 por ciento pueden quedarse en casa y aún así seguir haciendo su trabajo. Del 25 por ciento inferior, menos del 10 por ciento pueden hacer lo mismo. Anthony S. Fauci, el director del Instituto Nacional de Alergia y Enfermedades Infecciosas, ha dicho que entiende que mantener estas pautas es "inconveniente". Para muchas personas, no sólo son inconvenientes; son devastadoras para sus vidas. No todos los que trabajan en la primeras líneas o trabajan con sus manos son votantes de Trump —pero todos entienden que es un lujo poder trabajar desde casa.

Nadie en los Estados Unidos, ni en otro lugar, puede afirmar que conoce la forma correcta de seguir adelante. Incluso Fauci reconoció eso, cuando se le preguntó si las escuelas deberían abrir. "No tengo una respuesta fácil para eso. Simplemente no la tengo ", dijo. "Las situaciones con respecto a la escuela van a ser muy diferentes en una región frente a otra". Con respecto a la economía, señaló, "yo no doy consejos sobre asuntos económicos. No doy consejos sobre otra cosa que no sea salud pública ". Tiene razón en reconocer los límites de un área cualquiera de especialización.

Así que reconozcamos todos que necesitamos escuchar muchas voces a medida que tomamos estas difíciles decisiones, y que quienes están tomando las decisiones deben tener empatía con todos los americanos —aquellos cuyas vidas están en riesgo, pero también aquellos cuyas vidas han sido trastornadas de otras maneras por esta horrible enfermedad.

Fuente: The Washington Post
https://www.washingtonpost.com/opinions/experts-have-jobs-they-need-to-understand-those-who-dont/2020/05/14/e715e534-9620-11ea-91d7-cf4423d47683_story.html

33

DONALD J. TRUMP
3 de julio, 2020

Palabras del presidente Trump en la celebración de fuegos artificiales de Dakota del Sur en el Monte Rushmore 2020

"... rendimos tributo a las vidas excepcionales y a los legados extraordinarios de George Washington, Thomas Jefferson, Abraham Lincoln y Teddy Roosevelt".

KEYSTONE, Dakota del Sur— Bueno, muchas gracias. Y gobernador Noem, secretario Bernhardt —estoy muy agradecido— miembros del Congreso, distinguidos invitados y un saludo muy especial a Dakota del Sur.

Al comenzar este fin de semana del 4 de Julio, la Primera Dama y yo les deseamos a todos y cada uno de ustedes un muy, muy feliz Día de la Independencia. Gracias.

Mostremos nuestro agradecimiento al Ejército y a la Guardia Nacional Aérea de Dakota del Sur, y a la Fuerza Aérea de los EE. UU. por inspirarnos con esa magnífica exhibición de poder aéreo americano y, por supuesto, nuestra gratitud, como siempre, a los legendarios y muy talentosos Ángeles Azules. Muchas gracias.

Enviemos también nuestros más profundos agradecimientos a nuestros maravillosos veteranos, agentes de la ley, socorristas, y a los médicos, enfermeras y científicos que trabajan incansablemente para matar el virus. Están trabajando duro. Yo quiero agradecerles mucho, mucho.

También estamos agradecidos con la delegación del Congreso de su estado: los senadores John Thune —John, muchas gracias— el senador Mike Rounds —gracias Mike— y Dusty Johnson, congresista. Hola Dusty. Gracias. Y con todos los demás del Congreso que están con nosotros esta noche, muchas gracias por venir. Lo apreciamos.

No podría haber un mejor lugar para celebrar la independencia de América que bajo esta magnífica, increíble y majestuosa montaña, y monumento a los más grandes americanos que jamás han vivido.

Hoy, rendimos tributo a las vidas excepcionales y a los legados extraordinarios de George Washington, Thomas Jefferson, Abraham Lincoln y Teddy Roosevelt. Estoy aquí como su presidente para proclamar ante el país y ante el mundo: este monumento nunca será profanado, estos héroes nunca serán desfigurados, su legado nunca jamás será destruido, sus logros nunca serán olvidados y el Monte Rushmore permanecerá por siempre como un eterno homenaje a nuestros antepasados y a nuestra libertad.

Nos reunimos esta noche para proclamar el día más importante en la historia de las naciones: el 4 de julio de 1776. Ante esas palabras, todo corazón americano debería hincharse de orgullo. Toda familia americana debería vitorear con deleite. Y todo patriota americano debería estar lleno de alegría, porque cada uno de ustedes vive en el país más magnífico de la historia del mundo, y pronto será más grande que nunca.

Nuestros Fundadores lanzaron no sólo una revolución de gobierno, sino una revolución en la búsqueda de la justicia, la igualdad, la libertad y la prosperidad. Ninguna nación ha hecho más para promover la condición humana que los Estados Unidos de América. Y ningún pueblo ha hecho más para promover el progreso humano que los ciudadanos de nuestra gran nación.

Todo fue posible gracias al coraje de 56 patriotas que se reunieron en Filadelfia hace 244 años y firmaron la Declaración de Independencia. Ellos consagraron una verdad divina que cambió el mundo para siempre cuando dijeron: "... todos los hombres son creados iguales".

"... este monumento nunca será profanado, estos héroes nunca serán desfigurados, su legado nunca jamás será destruido, sus logros nunca serán olvidados..."

Estas palabras inmortales pusieron en movimiento la marcha imparable de la libertad. Nuestros Fundadores declararon audazmente que todos estamos dotados de los mismos derechos divinos —que nos dio nuestro Creador en el Cielo. Y que lo que Dios nos ha dado, no permitiremos que nadie, nunca, nos lo quite— nunca.

Mil setecientos setenta y seis representó la culminación de miles de años de civilización occidental y el triunfo no sólo del espíritu, sino de la sabiduría, la filosofía y la razón.

Y aún así, mientras nos reunimos aquí esta noche, existe un peligro creciente que amenaza cada bendición por la que nuestros antepasados lucharon tan duramente, se esforzaron, y derramaron sangre para asegurarlas.

Nuestra nación está siendo testigo de una campaña despiadada para borrar nuestra historia, difamar a nuestros héroes, borrar nuestros valores y adoctrinar a nuestros hijos.

"Ninguna nación ha hecho más para promover la condición humana que los Estados Unidos de América".

Muchedumbres enfurecidas están tratando de derribar las estatuas de nuestros Fundadores, desfigurar nuestros monumentos más sagrados y desatar una ola de crímenes violentos en nuestras ciudades. Muchas de estas personas no tienen ni idea de por qué están haciendo esto, pero algunos saben exactamente lo que están haciendo. Piensan que la gente americana es débil y blanda y sumisa. Pero no, la gente americana es fuerte y orgullosa, y no permitirá que les quiten nuestro país, y todos sus valores, historia y cultura.

Una de sus armas políticas es la "Cultura de Cancelar" ['Cancel Culture' en inglés] —forzar a las personas a dejar sus trabajos, avergonzar a los disidentes y exigir la sumisión total de cualquiera que esté en desacuerdo. Esta es la definición misma de totalitarismo, y ello es completamente ajeno a nuestra cultura y a nuestros valores, y no tiene absolutamente ningún cabida en los Estados Unidos de América.

Este ataque a nuestra libertad, nuestra magnífica libertad, debe ser detenido, y será detenido muy rápidamente. Expondremos este peligroso movimiento, protegeremos a los niños de nuestra nación, terminaremos con este asalto radical y preservaremos nuestro amado estilo de vida americano.

En nuestras escuelas, nuestras salas de redacción, incluso en nuestras salas de juntas corporativas, existe un nuevo fascismo de extrema izquierda que demanda lealtad absoluta. Si usted no habla su idioma, no realiza sus rituales, no recita sus mantras ni sigue sus mandamientos, entonces usted será censurado, desterrado, incluido en la lista negra, perseguido y castigado. Esto no nos va a pasar a nosotros.

No se equivoquen: esta revolución cultural de izquierda está diseñada para derrocar la Revolución Americana. Al hacerlo, destruirían la misma civilización que rescató a miles de millones de la pobreza, la enfermedad, la violencia y el hambre, y que elevó a la humanidad a nuevas alturas de logros, descubrimientos y progreso.

Para hacer esto posible, están decididos a derribar cada estatua, símbolo y memoria de nuestro patrimonio nacional.

Es por eso por lo que estoy desplegando los cuerpos federales de seguridad para proteger nuestros monumentos, arrestar a los amotinados y enjuiciar a los delincuentes con todo el peso de la ley.

Me complace informar que ayer, agentes federales arrestaron al presunto cabecilla del ataque contra la estatua de Andrew Jackson en Washington, D.C. y que, adicionalmente, cientos más han sido arrestados.

Bajo la orden ejecutiva que firmé la semana pasada —en relación con la Ley de Preservación y Reconocimiento de los Monumentos a los Veteranos y otras leyes— las personas que dañen o desfiguren estatuas o monumentos federales recibirán un mínimo de 10 años de prisión. Y obviamente, eso incluye a nuestro hermoso Monte Rushmore.

Nuestra gente tiene una gran memoria. Ellos nunca olvidarán la destrucción de estatuas y monumentos a George Washington, Abraham Lincoln, Ulysses S. Grant, a abolicionistas y a muchos otros.

"No se equivoquen: esta revolución cultural de izquierda está diseñada para derrocar la Revolución Americana."

El caos violento que hemos visto en las calles de ciudades que, en cada uno de los casos, son gobernadas por demócratas liberales, es el resultado predecible de años de adoctrinamiento extremo y sesgos en la educación, el periodismo y otras instituciones culturales.

Contrariamente a todas las leyes de la sociedad y de la naturaleza, a nuestros hijos se les enseña en la escuela a odiar a su propio país y a creer que los hombres y mujeres que lo construyeron no fueron héroes, sino villanos. La visión radical de la historia americana es una red de mentiras —toda perspectiva es eliminada, toda virtud es oscurecida, todo motivo es retorcido, todo hecho es distorsionado y todo defecto es magnificado hasta que la historia sea purgada y el registro desfigurado más allá de todo reconocimiento.

Este movimiento está atacando abiertamente los legados de cada persona en el Monte Rushmore. Ellos deshonran la memoria de Washington, Jefferson, Lincoln y Roosevelt. Hoy, corregiremos la historia y el registro histórico.

Antes de que estas figuras fueran inmortalizadas en piedra, eran gigantes americanos de carne y hueso, hombres gallardos cuyas intrépidas acciones desataron el mayor salto de avance humano que el mundo haya conocido. Esta noche, les contaré a ustedes y, más importantemente, a los jóvenes de nuestra nación, las verdaderas historias de estos grandes, grandes hombres.

De pies a cabeza, George Washington representaba la fuerza, la gracia y la dignidad del pueblo americano. A partir de una pequeña fuerza voluntaria de granjeros ciudadanos, creó el Ejército Continental de la nada y los congregó para enfrentar a las fuerzas militares más poderosas de la Tierra.

Durante ocho largos años, durante el brutal invierno en Valley Forge, de un revés tras otro en el campo de batalla, lideró a esos patriotas hasta el triunfo final. Cuando el ejército se había reducido a unos pocos miles de hombres en la Navidad de 1776, cuando la derrota parecía absolutamente segura, tomó lo que quedaba de sus fuerzas en un atrevido cruce nocturno del río Delaware.

Marcharon a través de nueve millas de gélida oscuridad, muchos sin botas en sus pies, dejando un rastro de sangre en la nieve. Por

"De pies a cabeza, George Washington representaba la fuerza, la gracia y la dignidad del pueblo americano".

la mañana, lograron la victoria en Trenton. Después de forzar la rendición del imperio más poderoso del planeta en Yorktown, el general Washington no reclamó el poder, sino que simplemente regresó a Mount Vernon como ciudadano privado.

Cuando se le solicitó nuevamente, presidió la Convención Constitucional en Filadelfia y fue elegido por unanimidad como nuestro primer Presidente. Cuando renunció después de dos períodos, su antiguo adversario, el Rey Jorge, lo llamó "el hombre más grande de la época". Él permanece de primero en nuestros corazones hasta el día de hoy.

Mientras los americanos amen esta tierra, honraremos y apreciaremos al padre de nuestro país, George Washington. Nunca será removido, abolido y, sobre todo, nunca será olvidado.

Thomas Jefferson —el gran Thomas Jefferson— tenía 33 años cuando viajó hacia el norte a Pensilvania y brillantemente escribió uno de los mayores tesoros de la historia humana, la Declaración de Independencia. También redactó la constitución de Virginia, y concibió y escribió el Estatuto de Virginia para la Libertad Religiosa, un modelo para nuestra apreciada Primera Enmienda.

"Thomas Jefferson —el gran Thomas Jefferson— tenía 33 años cuando viajó hacia el norte a Pensilvania y brillantemente escribió uno de los mayores tesoros de la historia humana, la Declaración de Independencia".

Después de servir como primer Secretario de Estado, y luego Vicepresidente, fue elegido para la Presidencia. Ordenó a los guerreros americanos que aplastaran a los piratas de Berbería, duplicó el tamaño de nuestra nación con la Compra de Luisiana y envió a los famosos exploradores Lewis y Clark al oeste en una atrevida expedición al Océano Pacífico.

Fue arquitecto, inventor, diplomático, académico, fundador de una de las mejores universidades del mundo y un ardiente defensor de la libertad. Los americanos admirarán por siempre al autor de la libertad americana, Thomas Jefferson. Y él, tampoco, nunca jamás será abandonado por nosotros.

Abraham Lincoln, el salvador de nuestra unión, fue un abogado autodidacta que creció en una cabaña de troncos en la frontera americana.

El primer presidente republicano, ascendió al alto cargo desde la oscuridad, basándose en una fuerza y una claridad en sus convicciones contra la esclavitud. Muy, muy fuertes convicciones.

Firmó la ley para construir el Ferrocarril Transcontinental; firmó la Ley de Tierras, entregada a algunos eruditos increíbles— a ciudadanos comunes, definidos simplemente, tierras gratis para establecerse en cualquier parte del Oeste Americano; y condujo al país a través de las horas más oscuras de la historia americana, dando cada pizca de la fuerza que tenía para garantizar que el gobierno del pueblo, por el pueblo y para el pueblo no pereciera en esta Tierra.

"Lincoln ganó la Guerra Civil; emitió la Proclamación de Emancipación; lideró la aprobación de la Décimatercera Enmienda, aboliendo la esclavitud para siempre".

Sirvió como Comandante en Jefe de las Fuerzas Armadas de los EE. UU. durante nuestra guerra más sangrienta, la lucha que salvó nuestra unión y que extinguió el mal de la esclavitud. Más de 600,000 murieron en esa guerra; más de 20,000 fueron muertos o heridos en un solo día en Antietam. En Gettysburg, hace 157 años, la Unión resistió valientemente un asalto de casi 15,000 hombres y rechazó la carga de Pickett.

Lincoln ganó la Guerra Civil; emitió la Proclamación de Emancipación; lideró la aprobación de la Décimatercera Enmienda, aboliendo la esclavitud para siempre y, en última instancia, su determinación de preservar nuestra nación y nuestra unión le costó la vida. Mientras nosotros vivamos, los americanos defenderemos y veneraremos la memoria inmortal del presidente Abraham Lincoln.

Theodore Roosevelt ejemplificó la confianza desenfrenada de nuestra cultura e identidad nacionales. Él vio la imponente grandeza de la misión de América en el mundo y la persiguió con una energía y celo abrumadores.

Como teniente coronel durante la guerra hispanoamericana, dirigió a los famosos Rough Riders para derrotar al enemigo en San Juan Hill. Limpió la corrupción como Comisionado de Policía de la ciudad de Nueva York, luego se desempeñó como Gobernador de Nueva York, Vicepresidente y, a los 42 años, se convirtió en el presidente más joven de los Estados Unidos.

Envió nuestra nueva gran flota naval al rededor del mundo para anunciar el arribo de América como potencia mundial. Nos dio muchos de nuestros parques nacionales, incluido el Gran Cañón; supervisó la construcción del impresionante Canal de Panamá; y él es la única persona que ha recibido el Premio Nobel de la Paz y la Medalla de Honor del Congreso. Él era la libertad americana personificada en su totalidad. El pueblo americano nunca renunciará al espíritu audaz, bello e indómito de Theodore Roosevelt.

Ningún movimiento que busque desmantelar estos preciados legados americanos puede tener en su esencia un amor por América. No puede tenerlo. Ninguna persona que permanezca callada ante la destrucción de esta herencia resplandeciente puede guiarnos hacia un futuro mejor.

La ideología radical que está atacando a nuestro país avanza bajo la bandera de la justicia social. Pero en verdad, demolería tanto la justicia como la sociedad. Transformaría la justicia en un instrumento de división y venganza, y convertiría a nuestra sociedad libre e inclusiva en un lugar de represión, dominación y exclusión.

Quieren silenciarnos, pero no seremos silenciados.

Declararemos la verdad en su totalidad, sin disculpas: Nosotros declaramos que los Estados Unidos de América son la nación más justa y excepcional que jamás haya existido en la Tierra.

Estamos orgullosos del hecho de que nuestro país fue fundado sobre principios judeocristianos, y entendemos que estos valores han avanzado dramáticamente la causa de la paz y la justicia en todo el mundo.

Sabemos que la familia americana es la piedra angular de la vida americana.

Reconocemos el derecho solemne y el deber moral de toda nación de asegurar sus fronteras. Y nosotros estamos construyendo el muro.

Recordamos que los gobiernos existen para proteger la seguridad y la felicidad de su propia gente. Una nación debe cuidar primero

"Theodore Roosevelt ejemplificó la confianza desenfrenada de nuestra cultura e identidad nacionales".

a sus propios ciudadanos. Debemos cuidar de América primero. Es hora.

Creemos en la igualdad de oportunidades, de justicia y de trato para los ciudadanos de toda raza, antecedentes, religión y credo. Todo niño, de cualquier color —nacido y no nacido— está hecho a la imagen sagrada de Dios.

Queremos un debate libre y abierto, no códigos de expresión y la cultura de cancelar.

Abrazamos la tolerancia, no el prejuicio.

Apoyamos a los valientes hombres y mujeres de las fuerzas del orden. Nunca aboliremos nuestra policía o nuestra gran Segunda Enmienda, que nos da el derecho a mantener y portar armas.

Creemos que a nuestros hijos se les debe enseñar a amar a su país, a honrar nuestra historia y a respetar nuestra gran bandera americana.

Permanecemos con la cabeza bien alta, con orgullo y sólo nos arrodillamos ante Dios Todopoderoso.

Esto es lo que somos. Esto es lo que creemos. Y estos son los valores que nos guiarán a medida que nos esforzemos por construir un futuro aún mejor y más grande.

Aquellos que buscan borrar nuestra herencia quieren que los americanos olvidemos nuestro orgullo y nuestra gran dignidad, para que no podamos entendernos más a nosotros mismos ni el destino de América. Al derribar los héroes de 1776, buscan disolver los lazos de amor y lealtad que sentimos por nuestro país y que sentimos el uno por el otro. Su objetivo no es una América mejor, su objetivo es el fin de América.

En su lugar, quieren poder para sí mismos. Pero tal como lo hicieron los patriotas en siglos pasados, el pueblo americano se interpondrá en su camino —y ganaremos, y ganaremos rápidamente y con gran dignidad.

"La ideología radical que está atacando a nuestro país avanza bajo la bandera de la justicia social. Pero en verdad, demolería tanto la justicia como la sociedad".

Nunca los dejaremos arrancar los héroes de América de nuestros monumentos o de nuestros corazones. Al derribar a Washington y a Jefferson, estos radicales derribarían la misma herencia por la que hombres dieron sus vidas para ganar la Guerra Civil; borrarían el recuerdo que inspiró a esos soldados a ir a su muerte, cantando estas palabras del Himno de Batalla de la República: "Así como Él murió para santificar a los hombres, muramos nosotros para que los hombres sean libres, mientras Dios continúa su marcha".

Ellos derribarían los principios que impulsaron la abolición de la esclavitud en América y, en última instancia, al rededor del mundo, poniendo fin a una institución maligna que había plagado a la humanidad durante miles y miles de años. Nuestros oponentes destrozarían los mismos documentos que Martin Luther King utilizó para expresar su sueño, y las ideas que fueron la base del justo movimiento por los Derechos Civiles. Derribarían las creencias, la cultura y la identidad que han hecho de América la sociedad más vibrante y tolerante en la historia de la Tierra.

Mis conciudadanos, es hora de expresar nuestra opinión en voz alta, fuerte y poderosamente, y defender la integridad de nuestro país.

Es hora de que nuestros políticos convoquen la bravura y la determinación de nuestros antepasados americanos. Es hora. Es hora de plantar nuestra bandera y proteger a los más grandes de esta nación, para los ciudadanos de todas las razas, en cada ciudad y en cada parte de esta gloriosa tierra. Por el bien de nuestro honor, por el bien de nuestros hijos, por el bien de nuestra unión, debemos proteger y preservar nuestra historia, nuestra herencia y nuestros grandes héroes.

Aquí esta noche, ante los ojos de nuestros antepasados, los americanos declaramos nuevamente, como lo hicimos hace 244 años: que no seremos tiranizados, no seremos degradados y no seremos intimidados por personas malas y malvadas. Eso no sucederá.

Proclamaremos los ideales de la Declaración de Independencia, y nunca entregaremos el espíritu, el coraje y la causa del 4 de julio de 1776.

"Al derribar los héroes de 1776, buscan disolver los lazos de amor y lealtad que sentimos por nuestro país y que sentimos el uno por el otro. Su objetivo no es una América mejor, su objetivo es el fin de América".

Sobre esta base, nos mantendremos firmes e inquebrantables. Ante las mentiras destinadas a dividirnos, desmoralizarnos y disminuirnos, mostraremos que la historia de América nos une, nos inspira, nos incluye a todos y hace que todos seamos libres.

Debemos exigir que a nuestros hijos se les enseñe una vez más a ver América como lo hizo el reverendo Martin Luther King, cuando dijo que los Fundadores habían firmado "un pagaré" para cada generación futura. El Dr. King vio que la misión de la justicia requería que abrazáramos completamente nuestros ideales fundacionales. Esos ideales son tan importantes para nosotros: los ideales fundacionales. Él pidió a sus conciudadanos a no derribar su herencia, sino a vivir a la altura de su herencia.

"Nuestros oponentes destrozarían los mismos documentos que Martin Luther King utilizó para expresar su sueño, y las ideas que fueron la base del justo movimiento por los Derechos Civiles".

Por encima de todo, a nuestros hijos, de todas las comunidades, se les debe enseñar que ser americano es heredar el espíritu de las personas más intrépidas y seguras de sí mismas que jamás hayan caminado sobre la faz de la Tierra.

Los americanos somos las personas que perseguimos nuestro Destino Manifiesto a través del océano, hacia las tierras inexploradas, por encima de las montañas más altas, y luego hacia los cielos e incluso hacia las estrellas.

Somos el país de Andrew Jackson, Ulysses S. Grant y Frederick Douglass. Somos la tierra de Wild Bill Hickock y Buffalo Bill Cody. Somos la nación que dio origen a los hermanos Wright, a los Aviadores de Tuskegee, Harriet Tubman, Clara Barton, Jesse Owens, George Patton —el general George Patton— el gran Louie Armstrong, Alan Shepard, Elvis Presley y Mohammad Ali. Y sólo América podía haberlos producido a todos. Ningún otro lugar.

Somos la cultura que levantó la Represa Hoover, construyó las carreteras y esculpió el horizonte de Manhattan. Somos las personas que soñamos un sueño espectacular —se llamaba: Las Vegas, en el desierto de Nevada; que construimos Miami del pantano de Florida; y que esculpimos a nuestros héroes en la cara del Monte Rushmore.

Los americanos domamos la electricidad, dividimos el átomo y le dimos al mundo el teléfono y la Internet. Poblamos el Oeste Salvaje, ganamos dos guerras mundiales, aterrizamos astronautas americanos en la Luna— y un día muy pronto, plantaremos nuestra bandera en Marte.

Le dimos al mundo la poesía de Walt Whitman, las historias de Mark Twain, las canciones de Irving Berlin, la voz de Ella Fitzgerald, el estilo de Frank Sinatra, la comedia de Bob Hope, el poder del cohete Saturno V, la dureza del Ford F-150 y el increíble poder de los portaaviones americanos.

Los americanos nunca deben perder de vista esta historia milagrosa. Usted nunca debe perderla de vista, porque nadie lo ha hecho nunca como nosotros lo hemos hecho. Así que hoy, bajo la autoridad que me corresponde como Presidente de los Estados Unidos, estoy anunciando la creación de un nuevo monumento a los gigantes de nuestro pasado. Estoy firmando una orden ejecutiva para establecer el Jardín Nacional de Héroes Americanos, un vasto parque al aire libre que contará con las estatuas de los más grandes americanos que jamás hayan vivido.

A partir de esta noche y desde este magnífico lugar, avancemos unidos en nuestro propósito y dedicados de nuevo a nuestra decisión. Vamos a criar la próxima generación de patriotas americanos. Escribiremos el siguiente capítulo emocionante de la aventura americana. Y les enseñaremos a nuestros niños a saber que viven en una tierra de leyendas, que nada puede detenerlos y que nadie puede retenerlos. Sabrán que en América, usted puede hacer lo que quiera, puede ser lo que quiera, y juntos, podemos lograr lo que queramos.

Alentados por los titanes del Monte Rushmore, encontraremos la unidad que nadie esperaba; haremos avances que nadie pensó que fueran posibles. Este país será todo lo que nuestros ciudadanos han anhelado, durante tantos años, y que nuestros enemigos temen —porque nunca olvidaremos que la libertad americana existe para la grandeza americana. Y eso es lo que nosotros tenemos: grandeza americana.

"...en América, usted puede hacer lo que quiera, puede ser lo que quiera, y juntos, podemos lograr lo que queramos".

Dentro de muchos siglos, nuestro legado será las ciudades que construimos, los campeones que forjamos, el bien que hicimos y los monumentos que creamos para que nos inspiraran a todos nosotros.

Mis conciudadanos: el destino de América está en nuestras miras. Los héroes de América están incrustados en nuestros corazones. El futuro de América está en nuestras manos. Y damas y caballeros: lo mejor aún está por venir.

Este ha sido un gran honor para la Primera Dama y para mí estar con ustedes. Amo su estado. Amo a este país. Me gustaría desearles a todos un feliz Cuatro de Julio. A todos, que Dios los bendiga, que Dios bendiga a sus familias, que Dios bendiga a nuestras excelentes fuerzas militares y que Dios bendiga a América. Muchas gracias.

"Los héroes de América están incrustados en nuestros corazones. El futuro de América está en nuestras manos".

Fuente: The White House
https://www.whitehouse.gov/briefings-statements/remarks-president-trump-south-dakotas-2020-mount-rushmore-fireworks-celebration-keystone-south-dakota/

Autores

Thiessen, Marc A.

Trump, Donald J.

Zakaria, Fareed

Authors

Thiessen, Marc A.

Trump, Donald J.

Zakaria, Fareed

Traductor

El contenido de este libro fue traducido al español, directamente de fuentes originales en inglés, por Camilo Riano.

Él es el Director Ejecutivo de la Fundación Riano, una organización sin ánimo de lucro dedicada a educar al público hispanohablante sobre temas económicos, de políticas públicas y de asuntos exteriores.

El Sr. Riano es un americano nacido en Bogotá, Colombia. Antes de inmigrar a los Estados Unidos, trabajó como traductor para Nippon Electric Company, como profesor e investigador en la Universidad Nacional y como escritor de opinión para El Tiempo, el principal diario de Colombia.

Su carrera en los Estados Unidos incluye cargos, así como múltiples proyectos de consultoría, en el sector privado, en gobiernos estatales y federales, y en las Naciones Unidas.

Además de su licenciatura en ingeniería y una maestría en economía de la Pontificia Universidad Javeriana, cuenta con una maestría en administración de empresas (MBA) de la Universidad de Vanderbilt.

Translator

The content of this book was translated into Spanish, directly from original sources in English, by Camilo Riano.

He is the Executive Director of the Riano Foundation, a non-profit organization dedicated to educating the Spanish-speaking public on economic, public policy and foreign affairs issues.

Mr. Riano is an American born in Bogotá, Colombia. Before immigrating to the United States, he worked as a translator for Nippon Electric Company, as a professor and researcher at the National University, and as an opinion writer for El Tiempo, Colombia's leading daily newspaper.

His career in the United States includes positions, as well as multiple consulting engagements, in the private sector, state and federal governments, and the United Nations.

In addition to his bachelor's degree in engineering and a master's degree in economics from Pontificia Universidad Javeriana, he also has a master's degree in business administration (MBA) from Vanderbilt University.

www.ingramcontent.com/pod-product-compliance
Lightning Source LLC
Chambersburg PA
CBHW080049280326

41934CB00014B/3261